Jiu Jiu mic

這「啾式」人生

闖要放膽闖，跨要跨出界，

「啾啾麥」陳宏宜的18堂跳痛成功學

「啾啾麥」陳宏宜——著

Part. 1

第一部 我不是叛逆，我只是充滿好奇

Part. 3

第三部 定型，那是髮膠在做的事情

Contents

目錄

Foreword

Preface

Part. 2

第二部　不懂的事情，才有努力的價值

推薦序

不切實際的熱血，才有最精彩的際遇

立法委員　桃園勇者　鄭運鵬

幫「啾啾麥」陳宏宜的《這「啾式」人生》寫推薦是一件不容易的事，因為，這本書沒什麼內容（大誤）……好啦！是因為《這「啾式」人生》的真實感，的確會讓每一位推薦者很難評論，這是他有點平凡但又臭屁的人生際遇，而且出書的時間又正是在他人生四十面對中年失業的危機時刻，所以要在推薦序中嘴他也不太對，要稱讚他更心有不甘，不過，啾啾麥就是靠這個風（ㄋㄧㄠˇ）格（ㄧㄤˋ）闖出一片天空的！

我相信在這本書出版之後，他會比《這「啾式」人生》的銷售量更活躍大賣。

我有告訴啾啾麥：「學長很忙，這本書我會看完三分之二，就著手寫推薦。」但是我竟然整本完食，簡直比我在立法院處理民生大法還專心。因為從這本書我才發現自己和他還真的有很多相同之處：

有天生的搞笑細胞、從小立志擔任脫口秀主持人、喜歡運動賽事但不擅長運動、是位看動漫打電動的中年大叔、能靠長相吃飯（但我比較內向不會掛在嘴上）、都是人稱「台獨一中」的延平中學訓練出來的好學生。但是，我承認他的確有我一輩子追不上的強項——他會「投胎」，不過，最令我最嫉妒的是，他為什麼可以和卓君澤主持節目？！

這些相同之處，讓我有一種異父異母的親切感，甚至我有一個猜測，啾啾麥應該是看到學長我已經立足政壇，他不想當第二品牌，所以只好退避三舍去擔任體育主播。我認為這是他長期觀察職業運動的避險直覺，球場上既然已經有麥可・喬丹、勒布朗・詹姆斯，自己轉職體育主播界擔任「追夢綠」還比較實際。

《這「啾式」人生》這本書，基本上是屬於上述異人的宅男讀物，女性讀者除非是迷戀他不是那麼容易判讀的帥氣，不然很難理解他這本書是在寫什麼。但是對於喜好體育賽事、對硬派人生有幻想的宅男們，我認為這是一本非常有價值的人生參考書。

《這「啾式」人生》把啾啾麥自己有點扭曲的人格和人生際遇（咦），用MLB、NBA的球星和經典球賽來比喻，這是對體育宅男們最容易吸收的背景音樂，我認為對很多在人生中迷惘的宅男，常常不知道自己的人生有沒有意義？該不該挑戰現況？啾啾麥以身試法，用報導世界體育中心的方式來開導你。

雖然不是每個人都有跟啾啾麥一樣的投胎機會，但基本上他就是一位對人生充滿不切實際熱情的奮鬥青年，簡直可以畫成少年漫畫。從他在醫師家庭成長的過程、留學美國卻荒廢學業挑戰英語脫口秀主持人事業、因為長輩看到徵才廣告而轉職體育主播、對職業運動一知半解卻敢結合搞笑天份而走紅，他的每一階段走的都是火箭隊天王中鋒歐拉朱萬的迷蹤步！內行人都知道，遊走在犯規邊緣的迷蹤步才是千錘百鍊的絕技，啾啾麥這本書就是告訴大家，人生每個階段都要有走迷蹤步的豪氣，也要有苦練迷蹤步的毅力。

這本書最真實殘酷的部分，是啾啾麥在創作這本書的時刻，也是大家認識他的FOX Sports即將離開台灣市場的尷尬時期，再度失去主場的他下一場球在哪裡，或許在出版那一天也還沒有決定！而我長年觀察台灣及世界媒體趨勢，在這個多樣媒體的時代，什麼是媒體？什麼媒體才不會被淘汰？什麼樣的人才叫作媒體人？已經很難定義和預測。但是，媒體一定是給「人」看的事業，有趣又專業的人，一定是任何世代、任何平台媒體的注目焦點。

《這「啾式」人生》告訴大家如何搭建屬於自己的舞台，而啾啾麥陳宏宜也正和大家一起奮鬥搭建自己的新舞台。

願，運動之神祝福你們！

推薦序

那個打敗陳柏惟的男人

立法委員3Q陳柏惟

我和啾啾麥陳宏宜的緣分開始得很早，在我還不是3Q陳柏惟時，我就識得他。那時我們彼此是競爭者，爭取成為體育台的主播，在那次競爭中，我以台語和中文夾雜播報，在觀眾票選中的人氣很高，而宏宜則是英文流利、形象陽光，以鏡頭前的表現，最後在評審面試中拿到了這個位子。是的，他打敗了我，陳宏宜可以自稱是那個打敗陳柏惟的男人。

在那之後，宏宜走上了體育主播之路。

在我二〇一八年落選的時候，曾經和宏宜錄製一集「3Q食堂」，我們聊了他的家族和當體育主播的心得，但畢竟礙於節目時間，並無法像這本書這麼深入。我對宏宜在書裡文字的坦白感到驚訝，比如說自己投胎投得很好，所以家庭後援很足，或者是對自己未來的茫然無措，他在這本書裡，坦露了最脆弱的一面。

回望體育主播考試到現在，我們看起來走上了完全不同的人生道路，但又有某些既視感，這些年，我們都曾經信心滿滿，最後卻完全落空的窘境；我們都曾經什麼都沒有，卻又峰迴路轉；我們都有類似對自己定位的焦慮，在跌跌撞撞之中，終於比較了解自己可以是什麼。

歷經這幾年的人事交替，我覺得恐懼主要來自於無知與未知，當人無法掌握一件事的全貌，常常自己的想像會先壓垮自己，要消解這樣的恐懼，就是著手去做、去了解，我在這本書裡也看到宏宜有相似的心情。

作為曾經的競爭對手、現在的朋友，我衷心祝福宏宜再次走出一條別人想像不到的道路，也希望他持續寫下去，最後，我有個小心願，期望哪天能同台播報體育新聞或球賽，一起喊出TAIWAN NO.1！3Q！

推薦序

自信就是你的超能力

體育主播　田鴻魁

知道Michael要出書了，認真，很替他高興，雖然他自稱「允文允武，亦正亦諧」我沒太多意見，跟他打過籃球的都知道，他的能力一般般，但對自己的自信，超越常人一百倍。他不屑防守，因為得分才是全場的焦點，他這個人註定就是要活在鎂光燈的焦點下。刷！又是一個底線中距離跳投得分。高舉雙手，環繞全場！如果你自認沒有什麼天分，也缺乏才能，都不打緊，只要你跟Michael一樣對自己充滿信心，永遠有屬於你的舞台。我想這絕對是Michael在台大戲劇系跟紐約深造所練就出來的一身好功夫。

Michael是一個標準天龍國的富二代，房子車子不用愁，來自醫生世家，爸爸跟哥哥都是名醫，跟我們這些從小在鄉下長大的孩子，出生背景完全不一樣。他說自己童年有挫折，我是完全不能相信，這麼優秀又享盡資源的孩子，如果也有挫折，那我們豈不是天天都躲在陰暗的角落？不過這本書告訴大家，不論你天分高或低，或是人生感到迷惘，永遠不要低估自己，勇於表達自己，站在人生的舞台上，你就是最強的。這就是多年跟Michael相處下來，他給我最深刻的印象。

作為一位體育新聞主播，Michael的機智反應就是他與生俱來的天分。在我們前幾年一起主持的「籃球禁區」談話節目當中，他也展現了自己模仿的天分，把星爺的經典幽默台詞發揮得淋漓盡致，跟運動的巧妙結合，我只能佩服，這也是前無古人的一項創舉，值得鼓勵。

不過任何的創新都沒有那容易，也可能會飽受批評或非議，我記得世界體育中心剛開始有這樣詼諧的轉變時，就是Michael拿到他所謂的Dream Job來到新加坡之後，一度越玩越大，讓當時很多習慣了正經播報的體育迷，相當不適應，那段時間留言板上不少負評，老實說，當時的長官也有點頭大。不過這正是Michael與眾不同之處，你罵你的，我繼續特異獨行。堅持久了，觀眾也慢慢習慣並且開始接受他個人的啾啾麥風格。奠定他在台灣體育台諧星第一把交椅的地位。

華人社會常常把長幼有序，溫良恭儉讓放在嘴邊，但天生自信爆表的Michael才不管這些，他就是ＦＯＸ體育台的一哥（我聽了都替他捏把冷汗），雖然現在體育台要收了，但是啾啾麥的精神還在，他人小志氣高的風骨猶存。祝福Michael在未來的人生道路上，憑藉著這股自信跟自吹自擂的搞笑風格，能無往不利。如果各位讀者因為看了這本書得到啓發，那肯定是啾啾麥給了你無比的信心。我們每個人都有自己的優勢跟長處，只要跟Michael一樣，找到自己擅長的事情，堅持做下去，即使一開始只是個「跑龍套」的傢伙，都會闖出一片天的。

推薦序

其實，我是一個演員

全方位創作型藝人　蘇達

很難想像在茫茫大海的演藝人生中，能夠遇到一位相似度如此高的好朋友，不論是個性或態度、默契與笑點，甚至人生規劃與夢想藍圖，都有著八九不離十的英雄所見略同。只是他出身於不愁衣食的天龍國蛋黃區，而我則紮根在北海岸雞屎棚，如此天差地遠的人設背景，連我自己都相當意外怎麼能夠如此相像。那種一見如故的氣概，彷彿異父異母般才會有的互虧與義氣，在相處的過程中總有一種相見恨晚的感動，我必須老實說，因為他真的幫助我很多。

演藝圈是個相當複雜的生態圈，它存在著一種不帶惡意的威脅性，身為演員（或是公眾人物）要很清楚自己在這個藝界人生的食物鏈裡是處在哪一個位置，仰頭往上要防著誰，俯身向下要推了誰。在這個謹慎排隊的陣仗中，許許多多的競爭與比較都讓人在無意識的情況下將「友誼」處心積慮地掂斤論兩，不能給太多，但又不能都不給。這個業界的生物準則是如此運作，若要適者生存，就要服膺這樣的法條。

光想就累了，這種人與人之間的運籌帷幄實在不是我們這種懷抱表演夢想的鬥士會去斤斤計較的，於是面對這樣的競爭環境，一旦給了太多卻沒有等值的回饋，當然就會傾家蕩產，最後只好打道回府，打開家門說服自己也許改行之後還是一條好漢。但戲劇系畢業又在業界打滾了這麼些年，輕而易舉脫口而出的「改行」二字實在不是租了攤子排了椅子就能夠說服自己條條大路通羅馬的，因為夜深人靜時我們就會知道，我們不是拉不下面子，而是摸著良心，表演就是我們唯一的能力。

就是在這樣的情況下，我跟陳宏宜有著同仇敵愾的義憤填膺，我們都知道自己的長處在哪裡，怎麼鋪天蓋地的時運不濟，就逼得我們必須要雙手一攤，面面相覷。我印象很深刻，初相識時我們同樣都是一齣連續劇裡的演員，有一場他必須要掉淚的戲，他怎麼樣就是哭不出來，最後所有的工作人員都停下來等他「醞釀好了」才開機繼續，當時我就在導演後方的Monitor眼睜睜看著這尷尬的一切，因為同樣身為「娘胎喜感」的我，很清楚那個「擠出眼淚」的「醞釀」有多麼討人厭。

但演藝圈刻板印象的束縛讓我們無法選擇，我們被教育要學習著去「填充」那個外人給予我們的身份與符號，填得愈滿表示我們愈盡責，才配得上稱職的表演者。於是在演藝的發展上我們出現了相似的窘境，他喜歡的舞台光芒與「逼我得哭」的表演形式有著矛盾，而我則是用盡氣力都只能被規定演好「原住民」的角色。兩個同樣個性的表演者，即使出身背景不同，卻在這樣的交叉口上相遇了，我們馬上清楚，ＯＫ，我們都為了撕掉外人給我們的標籤在奮鬥，因為我們有本事，我們知道自己可以做些什麼，可以做到哪裡。

於是他轉戰主播，而我開始挑戰更多高難度的角色。但我必須老實說，在人生態度上他比我強多了，大部分都是他在教我，告訴我遇到難題與狀況時，該怎麼排解，又如何反敗為勝。他常說我就是鄉下版的陳宏宜，也許他看到的那個因為沒有自信而不斷撞牆的蘇達，就是看到了當年自己怎麼硬撐著一路走來的自己。我認真地將他這本書的初稿一字一字看完了，看完之後更瞭解為什麼他總是在節目主持裡極盡浮誇地搞笑，因為他清楚聽他說話的群眾需要什麼，而什麼可以讓他得分，因為他說，這些都是選擇過後的表演形式，人生也是。

他的這本書裡不斷地強調「如何說服自己勇敢地放手選擇，選了之後又該怎麼堅持地撞到底，撞到頭破血流了又該如何休息喘一下」，平易近人的敘事卻縝密的鋪陳，我真的有被打到（而且文筆居然很好耶）。看著他從蛋黃區的富裕太子，從演員到藝人到主播，從新加坡到台灣再到外景主持，他為自己開拓了最全方位的支路，既明白自己的好惡卻也不畫地自限，都闖都做都試都來。我真的很佩服。

這本書裡他告訴讀者他的懦弱與強悍，什麼時候他會轉身逃避，什麼時候他會爭一口氣，他說出了我們大家都一樣偶爾會低潮的夜深人靜，但在面對外界以及自我質問之間，該如何找到解套的訣竅。他讓我們知道，每一個人都是生活裡的表演者，不同的場合就有不同的因應之道，學會豪邁地跟自己說「其實，我是一個演員」（出自周星馳《喜劇之王》），即使眼前的狀況再紊雜，都能夠咬牙深呼吸一口氣，走出舞台並做出角色在這場戲裡最正確的選擇。

推薦序

點燃熱情，找到夢想的起點

臺北市政府市政顧問　林育恬

幽默風趣、擁有鮮明個人特色的體育主播陳宏宜，在螢光幕前，打著領結、穿西裝，這是他的標配，這身搭配也讓他有了「啾啾麥」的外號，廣受球迷們喜愛的他，時常帶著誇張的語調，在新聞中趣談運動消息，稱得上是顛覆以往大家對於新聞的直覺。出生於醫生世家，頂著一流學府——台灣大學戲劇系、紐約電影學院的光環，顏值爆表，有大安區金城武之稱，這樣的人生勝利組，應該是光鮮亮麗、順風順水，在演藝圈發揚光大，實際情形是否如大家想像一般的呢？讓我們來一探究竟！

如果不是因為認識作者，一點開這本書會誤以為是一個中年、有點老派、思想固化、不太願意順應潮流、對未來沒有洞察力的碎念，看完章節標題就關機，休息了。但，反差太大了，隔天又會好奇的想知道內容，想繼續看下去。哇！不得了了，看似平鋪直敘，在各階段的心情記錄和反省，每一篇的結語十足的誠意和溫度，像有魔力般，吸引著目光，一直到平板催促要充電了才罷休，實在太神奇了！

出生在沒有經濟負擔的家庭，有一對全心支持的父母，的確令人羨慕。在國外生活，不論是求學，或是工作，許多人都有過憧憬，離開了熟悉的舒適圈，現實與理想往往有著差距，唯有親身經歷才能夠體會其中的甘苦，它會讓人快速成長與學習，激發出最大的動力，辛勤過後，果實會更加甜美！在陌生的國度，穿梭在城市與城市之間，年輕的歲月裡，前進的腳步不能停歇，不論是快樂或悲傷；喜悅與挫敗，只能不斷地學習、體會與欣賞遇到的每個人、每件事、每個美麗的風景，都可能成為一生中難忘的回憶。

正因為如此，生活的體驗累積成為難能可貴的養分，轉化為無比堅強的實力，無論遇到什麼樣的艱難險阻，始終能夠持續散發出熱情，朝向夢想前進。即使剛回國時可能跟現今的大環境略顯格格不入，機會來了，就好好把握，能快速因應環境調整腳步、重新定位，發揮專長、展現優勢。

整本書滿滿的正能量，就算遭受打擊也能接受現況把優點扭轉成自己最大的特色，逆轉劣勢重新開始散發新的光芒。這本書最厲害的地方是，幾乎讓所有年齡層的人都可以得到啓發，可以讓年輕人有遵循的方向，不斷地努力是走向成功唯一的捷徑，點燃熱情，找到夢想的起點，勇敢的追尋。給相同年紀的人鼓舞，再堅持一下，成功也許就在不遠處。給年紀較大的人安慰，不論成功與否你已經拚盡全力，人生沒有白走的路，至少你獲得了滿滿的經驗。

幽默風趣是一個人受歡迎與否的特質，它能讓人與人之間的相處更加融洽愉悅，也能在團體中扮演著重要的開心果角色，作者得天獨厚，與生俱來擁有這份特質，讓他更能展現出自信與魅力。每一篇文章絕無冷場，讓人不僅發自內心的微笑，甚至笑到飆出淚來，掃除心中的陰霾，擁抱陽光，看見美好的未來。

《這「啾式」人生》是值得一看的好書，推薦給每一位讀者。

自序

允文允武，亦正亦諧

陳宏宜

如果你要投資的話，千萬別跟在我後面。

記得當年悠遊卡要推出的時候，不要說現在已經成為大家生活一部分的電子錢包概念了，光是一張卡可以儲值，然後拿來當公車票，就已經讓我覺得異常的排斥，我當時還跟身邊不只一個人說：「平常帶個十五塊零錢坐公車很難嗎？幹嘛一定要把這麼多錢存在一張卡裡面，要是丟掉了，不是損失太大了嗎？」現在回頭看就知道我錯的有多離譜！同樣的邏輯，蘋果推出第一代iPhone的時候，也讓我這個死腦筋給批得體無完膚，「手機弄得這麼大台，還可以上網？會有人想要時時刻刻上網嗎？而且一台賣這麼貴，誰要花錢買這種東西，你當我棒槌啊？」iPad推出時也一樣，「用筆電就用筆電，故意弄個螢幕扁扁的裝模作樣，都要用筆電了，幹嘛不買一台真的筆電就好，騙錢啦！」由此可知，我不是個眼光非常遠大，可以看到未來世界脈動的強者，所以我說真的，除非你把我當反指標，不然千萬別相信我對於房地產，股票，3C科技等等需要有驚人洞察力才能參透的意見，而就是因為我沒有這種能力，所以我大概不會成為「張忠謀」或是「郭台銘」之流（我說大概，是因為未來的事很難講），也不會有機會跟大家講說，我早就看準了什麼東西，所以我多久以前就這麼做……

所以，我可以跟大家分享什麼？

正因為我對於未來的嗅覺很差，完全沒概念時代是往哪裡去，當然就無法提前做好準備，所以我常常卡住，常常不知道自己到底是在幹什麼，一般人會碰到的壁，我不但沒少碰過，更常常撞得自己頭破血流，不過最大的好處就是，廣大的一般人都是這樣的。雖然我出身於一個幾乎沒有經濟負擔的家庭，有一對支持我的父母（投資不要跟在我後面，但我覺得投胎可以），我可以花比一般人更久一點的時間來找尋自己，但其實我也面臨了這個世代該有的困難，我理解在學校的教育體制裡面因為不會讀書而沒有自信是什麼感覺，也很清楚好不容易拚上國立大學卻反而更不知道自己該往哪裡去的迷惘，就算後來得到了一份人稱Dream Job的夢幻職業，但也馬上就見識到什麼叫做產業蕭條，什麼叫做大環境不好，你所被告知的，都是以前有多棒，以前有多怎麼樣……這邊直接幫大家畫重點，「以前」多好多棒我跟不到，我對於「未來」的眼光又是如此差，但感謝老天鵝，我在「現在」倒是混得還不錯。

記得以前在當藝人的時候，跟一些經紀人或者是製作人見面，常常被問到你有沒有什麼特別技能，而我的回答常常是吱吱唔唔顧左右而言他，也許硬擠出說我英文不錯還會講台語，但我深知他們在問的是你會不會玩樂器，會不會跳舞，會不會模仿甚至是rap也可以，而沒一樣會的我，老是面對這種窘境確實也多次思考自己到底有沒有在這個時代生存的武器，但不管怎麼樣，我已經來不及像電影《魔鬼終結者》一樣，回去以前重新打造自己成為一個有特殊技能的人，要看到未來的世界需要什麼好提前佈局更宛如瞎子摸象，我唯一能做的就是重新審視自己現在所有的，並盡全力尋求突破的機會，這才是我在這個快速變動的時代當中，唯一的一條活路，而我很快地發現，其實「我」就是我最特殊的才能，雖然不會彈吉他不會唱歌更不會三秒掉淚，做體育主播也常常不知道體壇當中的大小脈動，但不知為什麼，我在螢幕上總是給人家一種親近感，認真說起話來有些人覺得我專業，感覺來了酸人家個幾句又會讓人覺得莞爾，總結我的特殊才能就是八個字「允文允武，亦正亦諧」（這不是打錯字，是指又能正經又能好笑），讓我在現在這個時代，還有一小番成績。

但誠如我所說，我不是個對未來有什麼洞察力的人，所以我絕對不是在以前就特地這樣要求自己，好能夠在現在吃香，比較像是一路亂走一路亂撞，結果現在打開手機看Google地圖才發現怎麼離主要幹道也沒差太遠嘛（其實我私底下方向感很差），而這本書，就是總結我這一路走來，在人生各階段的心情紀錄和反省，希望可以讓大家在這個混亂的時代，有個可以依循的方向，但一樣，看書歸看書，不要跟在我後面，走你自己的路！

最後，我要特別感謝我的爸爸媽媽，永遠都是我的鋼鐵粉絲但又永遠都會對我說真話。感謝我的太太，一路相挺無怨無悔而且總是我靈感的來源。感謝我的哥哥，給了我一個美好的童年，當然更要感謝我的兒子，讓我知道人生要為何而戰，最後的最後還要感謝我的編輯伯儒，沒有他來找我出書，就永遠都不會有這本書，這本書獻給你們。

我不是叛逆，
我只是充滿好奇

Part.1

第一部：

Part. 1

Ch. 1

找到自己的超能力

人生的無奈跟挑戰讓我發現，把微笑放進別人的臉上，就是我的超能力。

雖然我的外表風流倜儻兼潮得出水，又身為靠說話吃飯的主播，但是私底下的我真的不擅長跟陌生人攀談，剛認識我的朋友，甚至覺得我嚴肅不好親近。自有記憶以來，只要到了一個陌生環境，小至幼稚園開學，大至第一天到公司上班，總是帶給我異常沉重的社交壓力。因此我特

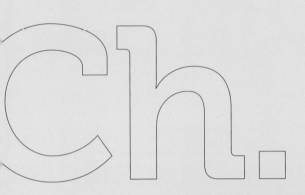

別羨慕外掛話匣子技能的人，好比一坐上計程車就跟司機稱兄道弟，下車還能免付零頭的自來熟；或是從菜市場一路打招呼到巷尾、買蔥送雞腿的里長型人物。他們的日常，是我無比羨慕的異常。

既然知道自己是慢熱型的球員，需要多一點時間暖機，所以每次進入新環境之前，我總是希望能夠「超前部署」，如果有任何機會能提早和新同學、新朋友或新同事見面，我絕對不會放過，用最快的速度打破陌生的玻璃牆，減少尬聊的時間，無奈往往事與願違……

就讀仁愛國小六年級的時候，我出了一場嚴重的車禍，導致雙腿骨折，在家休養了好長一段時間，因此錯過了國中入學的新生訓練。再加上種種因素的交互作用，我並沒有就讀多數同學升學的仁愛國中，而是改唸大安國中，同校的死黨少之又少。所以，等到我好不容易從車禍傷勢中復原，一拐一拐地拄著枴杖上學，同學看我的感覺，就像看著轉學生一樣，多數時刻，我只能窩在角落當邊緣人，想辦法在同學的話題裡插上一兩句話。

由於國中開學的慘痛記憶重挫我年幼的心靈，因此國中畢業後，健步如飛的我決心一定要準時出席高中的新生訓練。誰知命運沒讓我再次骨折，卻不忘在我腿上寫一個慘字。由於我的聯考成績實在太差，上不了排名比較前面的公立學校，私立延平中學的入學考又考不到正取，只能等到所有人都已經結束新生訓練之後，再以補校學籍入學。想當然爾，同學早已打成一片，歡笑聲不斷，而我這個最後勉強擠進學校的補校生，又落到角落生物的下場，只能自以為是地擺個酷樣不講話，又有誰能聽見我內心的泣血聲？

還好在延平念書的三年，我的成績跟自信顯著地成長，考取台大戲劇系。記得在升大學的暑假，我自信滿滿地看著鏡子裡面的自己；我的雙腿強健如昔，已經練就了

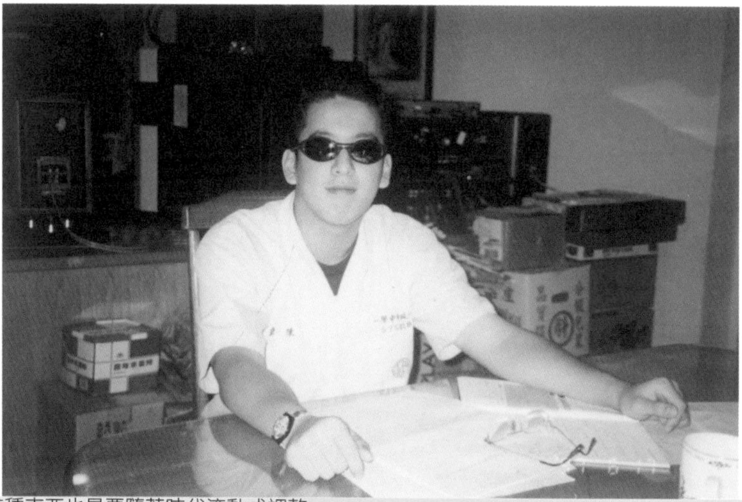

耍帥這種東西也是要隨著時代滾動式調整。

與陌生人破冰的能力，而且身為全國第一學府的正取生，方方面面毫無破綻。於是我早早地用麥克筆在日曆上圈起大學迎新的日期，打算當天提早到現場，像打籃球佔場地一樣拿下主場優勢，撕掉國中、高中那一位被動人物的標籤，這一回將是我改變命運的關鍵時刻，我要主動招呼未來四年的新同學。望著在日曆上反覆圈了又圈的日子，那一天，是一九九九年九月二十一日。

一九九九年九月二十一日的凌

晨一點多，全台灣地動天搖，我在睡夢中被家人拉下床，睡眼惺忪地逃到馬路上保命。早上各地災情頻傳，但是，地震震不垮我想認識同學的鋼鐵意志，我依舊提早抵達台大戲劇系的迎新地點，腦中不斷揣摩待會兒跟同學打招呼的口氣。可是我左等右等，始終無人到場，原來災情過於嚴重，迎新被迫取消。既然如此，全系新生應該同等陌生，一起回到同一個起跑點，開學才有機會點頭打招呼互報家門，我不致於又被排除在活躍圈之外吧？非也非也，在一九九九年，網路對於我這一個延平中學出身的私校生來說，是從沒接觸過的新玩意兒，但是對於絕大部份的公立高中生來說，卻是如巷口咖啡廳一樣熟悉的交流平台。所以即使迎新活動取消，未曾謀面的同學早就在PTT上成立班版，聊得不亦樂乎，甚至還一群人約出去唱過歌。等到正式開學的那一天，我走進教室時才驚覺大家已經熟得像同班三年，甚至連班對都冒出來了。而我，依舊空虛寂寞覺得冷，硬撐著一副酷樣，望著活躍的同學流口水……

看到這裡，你可能會懷疑，一個國中、高中，甚至大學入學都慢人一拍的苦情男，命中自帶天煞孤星的邊緣人，現在怎麼有辦法改頭換面，自信滿滿地站在主播台上唱作俱佳？我想，這得從我年幼時一次不起眼的經驗說起。

在我四、五歲的時候，大我四歲多的哥哥已經開始上英文班。媽媽希望我在耳濡目染之下，自然而然地學會兩種語言，因此帶著我陪哥哥上課。不過，年幼的我無法跟上英文班中哥哥姊姊的任何活動，只能坐在旁邊發呆。有一天，英文班的課堂主題是自我介紹，每一個人都要走到白板前面用英文談談自己。我哥哥上台說了什麼，我完全不復記憶。但是我記得其中一名學員上台時，正式地講了一句：「Nice to meet you.（很高興認識大家）」，彷彿按下了我的神祕開關，我不假思索地大聲回覆：「Nice to meet 啾啾（在此啾啾指的是小男生的雞雞，而非我現在常常打的領結）！」此話一出，引爆現場所有哥哥姊姊的哄堂大笑，看到觀眾賞臉，我大受鼓舞，又重複了好幾次，甚至福至心靈地開始加入其他器官，大家愈笑愈大聲，瘋狂如脫口秀現場。台下陣陣襲來的笑浪，讓我感受到一股電流通過身體的快感，好像一輩子畏

這時就是在哥哥的英文班拿器官開玩笑的我。

首畏尾的人，突然發現自己像一隻可以扛起超過自身體重四百倍的螞蟻一樣，總算在眾人面前昂首闊步。想當然爾，課堂結束之後，沒義氣的哥哥馬上跟媽媽告了狀，畢竟自己的弟弟在大家面前不斷提到雞雞，只要是小孩都會覺得丟臉，當然我也難逃母親大人的制裁。不過，令全場爆笑出聲的魔力始終揮之不去，當時懵懵懂懂的我已經深信，不管以後碰到什麼困難場面，我都有這一招超能力可以打破僵局。多年以後，我才知道這種感覺叫做「自信」。

因此，就算我在國中時期必須撐著拐杖到一個人都不認識的班級上課；三年之後等到最後一刻，才靠著替補再替補進入錄取名單，尷尬地開始高中生活；或是在天災與網路的鉗形攻勢下面對大學同學，我依然能在短暫的耍酷與自閉之後，收起尷尬，開始施展我的超能力；開老師的玩笑、開同學的玩笑、開自己的玩笑，用幽默的方式分享我的生活和觀點。然後很快的，我跟大家打成一片，開始成為班上的風雲人物，那一個坐在角落不講話的人終於退場了。更重要的是，當我在跟人說話或說故事的時候，總是能讓聽眾的臉上泛起微笑，而一抹微笑沖淡了尷尬，帶我莫大的成就感，在別人臉上掛上微笑，變成我唯一想做的事。

無論你同不同意，以第一印象而言，我絕對是一個害羞又怕生的人。如果我真的把第一印象當一回事的話，我永遠都會是一個耍酷不講話的怪胎。與其相信別人將我定義成一個內向的邊緣人，我寧願選擇當一個時時發揮超能力的超級英雄，不但釋放了我自己，更帶給大家快樂。因此，大家在讀完我的故事後，是不是闔上書想一想（想完還是要打開書繼續看），你是一個擁有什麼超能力的超級英雄呢？也許你從未發覺，可能你不曾深思，但是我跟你保證，只要梳理以往生活中的魔幻時刻，你肯定會發現，超能力絕對在你身上！

Ch. 2

我曾經以為，有種東西叫做命中注定

我的爸爸是一位醫生。

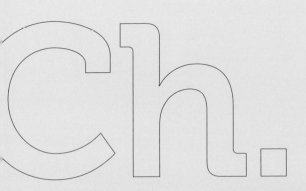

從小到大，醫師高大上的氛圍始終在我身邊繚繞；例如醫生為社會帶來無數正面的影響，穿上白袍即是高尚，以及懸壺濟世對全人類的卓越貢獻云云，再加上收入頗豐（咳），所以年幼的我早就把醫生當成未來的志向。

甚至讀幼稚園中班時，幾個拖著鼻涕的小朋友講到長大的願望，在宇宙刑事與假面超人這兩個小男孩的共同夢想之外，我一定會喊出：「我要當醫生。」畢竟我爸爸是醫生，我長大以後當醫生，也是很合理的。

國二時，哥哥順利考上醫學院，讓我更加篤定醫生的命格烙印在我的DNA上，簡直是不容置疑的天選之人。當理想早早確立，父兄榜樣在側，我還有燃燒不完的熱情，熱血方程式三大要素俱全，所以我學生時期的所作所為，全都劍指白色巨塔。

一切看起來都很完美，只不過還有一個小小的問題──我不太會念書。

說起來你可能不信，我念小學的時候已經考過不及格。小學理應是一個快樂學習、天天向上的天堂，就算再怎麼玩，考七十幾分應該不難。所以當我五年級領到五十五分數學考卷的當下，對我的打擊之大就像J．R．史密斯（J.R. Smith）在二〇一八年NBA冠軍戰出包，我一度懷疑是不是誤拿同學的考卷？反覆確認自己的名字之後，我依舊不死心地拿出紅筆，屏住呼吸將五十五的五頭尾相連，硬是塗成五十八分。到底多這三分能為習醫之路帶來什麼幫助？我真的搞不清楚；還有為什麼不改成八十五或八十八？我也想不透。但是當年的我，始終不願面對自己或許不適合的可能，頑固地相信著命運會帶領我走上杏林大道，不管別人信不信，反正我是信了。

回首一看，當中的差距好比我是一個死忠搖滾樂迷，也曾做過組樂團high翻全場的搖滾夢，依我大安金城武的外型與奔放不羈的態度，擄獲眾多粉絲只是時間問題。但是我對音樂沒什麼特別的感覺，既不能唱歌，也不會樂器，頂多只能cosplay主唱的外型。有熱情、有想法，唯一沒有的就是天分。我和醫學院的距離，跟我距離搖滾天團差不多。

我懷著爆棚的自信，就讀人稱「私校建中」的延平中學。在建中、附中、北一女與中山女高等台北傳統名校環伺之下，延平中學頂著學生天賦可能不如人的壓力，

國小的時候很瘋兄弟，瘋到媽媽必須要把民生報藏起來，要我寫完功課考完試才可以看，假日飛刀手陳義信是我的偶像。

卻依然年年在大學榜單搶下奪目佳績，靠的正是全速衝刺的校風。從高一開學第一天，各科老師沒在五四三，人人開滿檔全速飆課。高中一年級下學期提前分組，老師檔位不退，高二結束前就衝完高中三年的全部課程，於是高三一整年可以好好地複習再複習、模擬再模擬。簡單的說，今年才大行其道的「超前部署」，我們延平人看了甚感欣慰，因為咱們早就超前全台灣幾十年啦！

仗著延平中學的大戰略佈局，我更加有恃無恐，反正成績爛又何妨，有高三一整年可以複習又模擬，憑藉著我大陳家優秀的基因，考上醫學院不是什麼難事才對啊！

在美好想像的加持之下，我在高一上學期結束之後，毫無懸念地選擇第三類組。班導師與教務主任大為震驚，費盡口舌不斷勸我回頭，而且拿著學校的性向測驗結果，明白地指出我不是第三類組的料。不過，我安慰自己強者總是孤獨的，依然朝著想像的命定之路勇往直前。可惜理想很豐滿，現實很骨感，高一下的成績單無情地開出一副鐵支；物理、化學、數學、生物全部被當。如果你不太清楚一名三類組的學生被當掉這四科的意義，大概就像是游泳選手游泳課被當掉一樣難堪。當時的自己彷彿自認優秀的美國高中籃球員，打算進大學過水一年，大一結束馬上投身NBA，等著走向職業當百萬富翁，直到選秀會當日才發現根本沒有球隊要選我。

我總算接受「即使努力也不是那一塊料」的現實，向懸壺濟世的兒時夢想說掰掰。百般無奈下，我灰頭土臉地轉入第一類組，當時很多親戚朋友問我為什麼選擇轉組？我老實地回答：「不是選擇轉組，是必須轉組，再不轉就要留級了。」

活了十七年，被自己的期待三振出局，按理說，我有充分的理由意志消沉，縮進角落當個邊緣人。但是有趣的是，轉讀社會組之後，我逐漸發揮文科的專長，成績愈來愈進步，雖然不至於每次考試都考一百分，但是自信心又回到我身上了。

英文有一句俗話叫做「積習難改」（Old habits die hard）。改當文組學生之後，「命中注定」的蠢念頭還是令我念念不忘，畢竟自認出身書香門第，或許醫師遙不可及，起碼換一個字改當「律」師，也算是沒有偏離軌道太遠，於是法律科系當成為我的新目標，如果以後當上「法網遊龍」（Law & Order），也不算辱沒了大陳家的優秀血統。

直到聯考前三個月的某一天，一段不起眼的父子對話改變我的人生。爸爸拿著自由時報走進我的房間說：「台大戲劇系要辦第一屆招生，只看聯考的學科成績，不需要考術科，你要不要試試看？」

當時我心想：「台大戲劇系？光衝著台大兩個字，我當然會考慮。不過根據優秀的血脈，戲劇系恐怕不適合我。」對於爸爸的一片好意，我給了他一個禮貌又不失敷衍的回答。有點像是有人硬推直銷產品，為了脫身，只好隨口應付說：「有機會我一定會用看看。」之類的。我立即回到法律系的備戰當中，沒把爸爸的建議放在心上。

三個月後，聯考成績公佈，我因為考試失常，不只摸不到台大法律系的邊，連

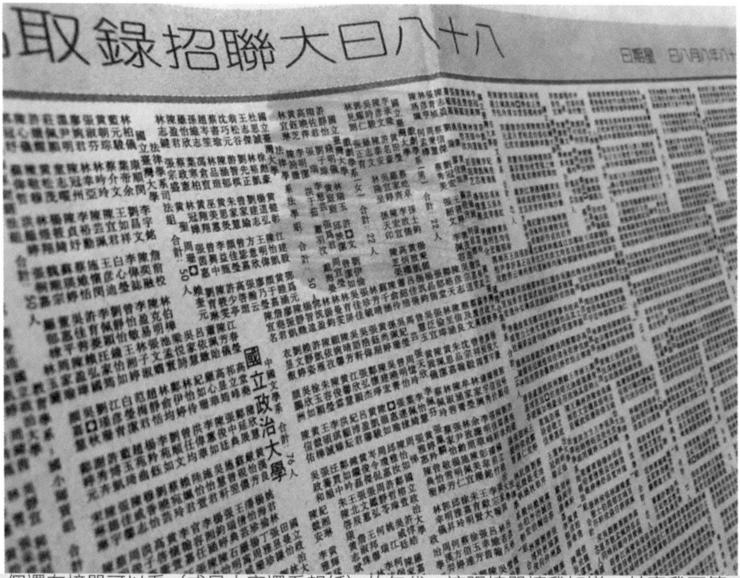

在那一個還有榜單可以看（或是大家還看報紙）的年代，這張榜單讓我知道，其實我不算是不會唸書。

其他有名的公立大學法律系都差了一點點。填志願的時候，只能從台大法律系開始，一個個填上台大所有自己能接受的科系，接著如法炮製政大的科系，衷心期待奇蹟發生。放榜的那一天，我竟錄取了台大戲劇系。

回顧我的求學歷程，若是真的有命中注定，我極可能一直將自己困在錯誤的人設之中，繞了一圈又一圈的冤枉路。以前的我傻傻地相信命運是一條佈滿各式障礙的道路，無論眼前的阻礙有多大，只要靠著熱血和奮鬥，努力擊碎面前每一塊擋路的巨石，即使連滾帶爬，總能向前推進。

後來我終於體會，命運像是一片無邊無際的大海，潮流沒有定向，沒有人可以硬把大海塑造成想要的形狀。唯一能做的，便是順應浪潮，拚命游動，享受捉摸不定的海浪將你沖往一座座小島，也許游到一半閃電又雷鳴，靠岸的島嶼和原訂目的地相隔十萬八千里。但是你千萬別喪氣，只要顧著努力往前游，偶爾抬起頭來換氣時，說不定會驚訝地發現目眩神迷的美景，以及自己竟游到了從未想像過的遠方。

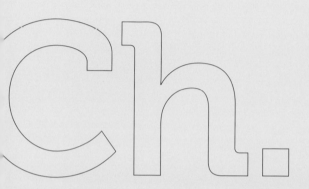

Ch. 3

色弱，但能辨紅黃綠

在大學開學之前，大部份的人都會去考駕照，作為告別青澀的開始，向大人的世界宣告：「我來了！」當然我也不例外。雖然台大距離我家很近，不過拿到駕照除了日後上學不用再擠大眾運輸工具之外，在百分之八十七的男生不能說的計劃裡，駕照在手，表示載女孩子出遊夜衝的希望無窮（至少我是如此，科科）。在報名駕訓班之前，還有一項必須通過的測試，那就是體檢！看起來好像很嚴格，說穿了只為檢測兩件事情；一個是行動能力會不會影響開車，另一個則是視力跟聽力能不能應付在路上所碰到的一切挑戰。

我相信現在很多上路多年的老司機早就忘了體檢的細節，表示檢測項目幾乎沒有難度，用「能力」來形容可能都有點超過了，根本只是行禮如儀，起碼在我走進醫師的診間之前，心裡都是這樣想的。我記得當時量了身高跟體重，以及向左看、向右看，確認脖子可以左右轉動，接著測試聽力跟視力，你說這些項目有何難哉？對誰都是小菜一碟。就在我以為完成了所有測驗，正要吹口哨走出診間時，醫師突然叫住我，拿出石原氏色盲測試的檢測圖片說：「先生，等一下，還有一項測驗，你看得到這些數字嗎？」我瞄了一眼，似乎只看到幾個模糊的數字，完全無法確定。額頭一股涼意，原來是一滴滴冷汗緩緩滲出，我故作鎮定，拿出發動血輪眼的專注力，終於看出了一些端倪，但是憑良心講，數字成形的時間大概只有千分之一秒，然後又恢復成一團糊再一起的色塊了。面對醫生的詢問，我非常心虛地猜了幾個數字，只見醫生不動聲色，多翻了幾張圖片繼續盤問，我重複剛剛的掙扎，再猜了幾個數字，心裡的把握跟大樂透選號差不多。只見醫師在體檢報告上面寫了幾行字，我手心冒汗，全身微微發抖，雖然我早已放棄醫生生涯，但是起碼知道色盲不能考駕照。難道我要轉大人的第一步，就要摔得鼻青臉腫嗎？無緣聯誼的女同學在腦海中一面揮手，一面遠走。內心的小劇場還沒演完，只見醫生指著旁邊櫃子上三隻色紙摺成的紙鶴，問我說：「這三隻從左到右分別是什麼顏色？」

我心想著這是什麼蠢問題？老實地回答：「紅色、黃色跟綠色。」醫生聽完，拿了一個大大的章蓋在體檢報告上，隨手將報告遞給我，上面寫著：「色弱，但是能辨別紅黃綠。」我擔心地問：「請問我還可以考駕照嗎？」他說：「可以。」簡單的兩個字，彷彿法官宣布無罪，我飄飄然地走出診間，順利地考到駕照。

其實這一段考照驚魂猶如我大學時期的寫照。考進台大戲劇系之前的十八年，我和戲劇藝術幾乎沒有任何淵源，只能靠自己的感覺摸索戲劇系到底在學什麼，或是畢業之後想變成什麼模樣。而所謂自己的感覺，當然就是社會大眾對於戲劇和藝術的刻板印象。我剛入學的時候，一心認為高尚的藝術家或是真正有內涵的人，絕對不會是站在幕前表演，或者是在觀眾面前講台詞的人，因為與群眾接觸太膚淺了，有損藝術工作者的風骨。真正的藝術家應該是在鎂光燈與聚光燈照不到的地方默默努力，用盡專業雕琢出一件藝術品，讓觀眾驚嘆，令行家折服，等到大家抽絲剝繭，才終於發現苦心孤詣的幕後功臣是誰，面對眾人追捧，藝術家必須不屑一顧，因為名利如浮雲，作品永流傳。

所以當我進了大學，打定主意要往幕後發展，也許是舞台設計、燈光設計，或是劇本創作等，反正哪一個角落不惹人注意，我可以曖曖內含光的，就是我要的領域啦（可見當時我多麼不了解自己）！因為這才是不世出的奇人追求的深度。

不過，當我踏進那幾個幕後專業的課堂當中，問題接二連三地冒了出來。我看著這些專門科目的內容，就好像當初駕照體檢時，在診間中盯著石原氏色盲測試一樣，就算再怎麼催動腦細胞，還是看不到理應輕鬆看到的數字，唯一能做的，就是亂猜跟放空，在課堂上找不到著力點，緊張與挫敗席捲而來，結果當然屢屢遭到老師的白眼。正如當初回答不出測試紙上的數字，只能看著醫生一筆一劃地寫著肯定不利於我的評語一樣的無助。每次上課，老師說的語言我都明白，但是湊在一起卻陌生得很，就好像高中的數學理化生物繼續纏著我，我開始擔心自己選讀戲劇系之後的所有想像，是不是在一開始注定走向毀滅呢？

還好到了大學二年級的下學期，學期製作《威尼斯商人》徵選演員，扭轉了我的大學生涯。雖然當時我依舊認為表演只是膚淺的東西，但是，大一慘痛的修課經驗已經讓我了解到幕後工作有多麼不適合我。當學期製作開始後，我轉念一想，改走幕前表演說不定是一個轉機，於是積極尋求上台演出的機會，演員徵選的公告一貼出，我立刻將這一齣莎士比亞喜劇劇本買回家研讀，並且對當中的反派角色「夏洛克」特別有感覺。我在心裡默默告訴自己：「夏洛克，就決定是你啦！」雖然我根本不懂莎士比亞，對於表演更是一知半解，但是憑著一股蠻勁，我就想試試看自己的能力到底在哪裡。

為了舞台劇的Audition（試鏡），我將台詞背得比周星馳的電影還熟，用自己極為淺薄單純的人生經驗，揣摩夏洛克這個角色對於主流社會的恨意，甚至設計了幾個不在劇本當中的角色動作，為的就是要讓負責選角的導演老師看到我的用心。在試鏡結束之後，我自認難掩緊張，不過演得還算及格，雖然在詮釋角色時，絕大部份的時間只會用大吼大叫來表達憤怒，情緒太過單一。不過，相較於畫燈光或是舞台設計圖的瞎猜亂撞，試鏡的當下我更知道自己在幹什麼，不過最重要的是我盡力了，如果在導演老師眼中，我的演出仍然像是糊成一團的色盲測試圖片的話，那就認了吧！

《威尼斯商人》的試鏡分為兩天，按理說，等到第二天試鏡結束後，才會公布選角結果，可是第一天試鏡完畢，導演老師跟我在走廊巧遇，她竟然對我說：「陳宏宜，你就是夏洛克啦！」我不知道當下臉上是什麼表情，但是我內心拚命壓抑自己激動的情緒，反覆提醒自己：「絕對要保持要鎮定，持續露出賭場老手深不可測的表情，千萬不要輕易地讓人家看出你的嘴角上揚，雖然你Au上了（Audition的簡稱，劇場人的共通語彙）人生當中的第一個主要角色，但是千萬別失態啊！」

我故作輕鬆地謝謝老師，並不斷地表示我會努力。回到教室碰到仍然在拚命背台詞，期望在隔天的試鏡當中，為夏洛克放手一搏的同學們，我也衷心地請他們加油（這我倒是演得蠻好的，情感真摯，饒富層次）。然後我信步踏出教室，找了一個沒有人的地方，允許興奮的心情傾洩而出，開心地狂吼：「我Au上了！我Au上了！」沒想到我在戲劇系不是一無是處，沒想到我陳宏宜即使出身私立高中，人生最精華的時間都花在往腦中填塞課本知識應付聯考，血液中還是有一絲絲的藝術天份啊！這大

大二學期公演威尼斯商人劇照，這對我來說是至關重大的一齣戲，因爲從這齣戲之後，我從「不知道」自己會演戲，進化到「我以為」自己會演戲，這其中有巨大的差別的。

概是我人生第一次發現，自己還能在行某件事情，突然之間，我好像又看到紅黃綠的紙鶴，在櫃子上靜靜地展翅。

在經過數個月的排練，終於到了登台演出的日子。因為年代久遠，真的沒辦法告訴大家太多細節，不過我能很肯定地說，那是一段如夢似幻的美好經驗；在那幾場演出中，舞台就像我家一樣，我的每個選擇都是正確無比，每個嗅覺都是準確無誤，每一次的舉手投足，都能找到該有的意義。很多頂尖的大聯盟投手常說，生涯當中就是會有某幾場比賽，當天的每一個細節都如你所願，讓你順著直覺投出無安打比賽，甚至拿下完全比賽。這個說法跟我當年第一次站上舞台的感覺不謀而合。

對於許許多多曾經像我一樣，困在世俗的社會框架之下，仍然看不到或是摸不清楚自我價值的朋友們，我知道我們常常被擺在燈管壞掉一隻的幽暗角落。但是，千萬別被孤單的感覺和挫敗的無力感打倒，或許你看不到絕大部份的人可以輕鬆看到的數字，但是世界上不是只有數字。我建議你勇敢地多方嘗試，找到那幾隻對你來說明顯到不行的紙鶴，人生當中絕對有屬於你的紅黃綠。找到以後，跟著感覺走，用最大的努力展現最好的自己，沒有任何事情可以阻擋你，就好像色弱從來沒阻擋我考駕照一樣，就好像夏洛克帶著我在舞台上經歷的魔幻時刻一樣。

Ch. 4

零與無限大

「零」這個數字跟我蠻有緣的。

我媽曾語帶遺憾說，三十幾年前，她抱著襁褓中的我去醫院做智力測驗，得到的數字正好是零。至於為什麼這位太太會帶著嬰兒去做智力測驗？又如何期待嬰兒的IQ得到零以外的數字？因為年代久遠，當事人不願多作解釋，我只能說：「媽媽，我真是猜不透妳啊！」

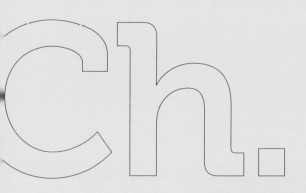

「智商零分」成了我從小被笑到大的哏，直到現在我快四十歲了，哥哥還會拿來虧我。甚至我升格人父，有時候擔心兒子在某些方面發展得比同齡的小朋友慢，我的爸媽總會先擺出一副「如果慢，絕對是遺傳你」的表情，接著假惺惺地安慰我：「放心，我看你兒子的樣子，離零分還有一段距離。」不過，我想大家都會同意，在我嬰兒時期智力測驗所得到的「零」，不是宿命的枷鎖，只代表測驗當下的狀態而已（不同意的直接站出來）。

「零」也是當年台大戲劇系的寫照。身為台大戲劇系創系以來天字第一號的學生，好處是沒有學長學姐，代表我們每一位同學都在替戲劇系塑型，什麼事都是我們說了算。以我假鬼假怪、創意無限的個性，感覺特別對味。

不過，壞處也正是缺少學長學姐，系上跟業界幾乎沒有任何連結，所以大家都不知道未來能做什麼。從大一開學的那一天，「畢業即失業」這五個字就像一朵烏雲如影隨形。另外，「台大戲劇系」的名號不時為我們帶來困擾。某一些先看到「台大」兩個字的人會問：「台大戲劇系？從來沒聽過台大有戲劇系，以後要幹嘛？專門在台大教書嗎？」要真是如此，其實蠻棒的，但是並沒有。

另一批把關鍵字放在「戲劇系」的人則會說：「台大戲劇系？從來沒聽過台大有戲劇系。不過既然是戲劇系，你們都很會搞笑吧？來！不要有台大人的包袱，直接秀一段！」拜託，如果我念資訊系，難不成要現場寫程式嗎？簡單的說，我們就像尚未成名的史蒂芬·柯瑞（Stephen Curry），有人嫌太瘦，有人嫌防守不好，還有人嫌只會投三分球，反正嫌到沒一塊好（台語）就對了。

既然業界沒有太多的人脈，我們唯一的榜樣就是系上的老師。台灣大學的老師幾乎都是歸國學人，論能力講資歷全是一時之選，學風偏向歐美自由奔放，加上台大教育資源豐富，好幾位老師不時鼓勵我們：「好好把握在台大的四年，多方面吸取各領

大學畢業製作《一個僕人兩個主》，這時我才發現一個演員可以在舞台上迷航，就好像一名NBA球員也可以在球場上迷航一樣。

域的知識，以後有機會再出國留學，人生的路非常寬廣……」若是細心將老師的金玉良言翻譯成白話文，大概是「趁你還在台大的時候，能轉系就轉系，不行的話也把英文學好，以後出國再轉投其他領域。到時候，大家只會記得你從台大畢業，誰還記得你讀什麼系？」

當年的確有不少同學把戲劇系當成一塊跳板；有的選讀輔系，有的雙主修，甚至有的努力轉系，想盡辦法遠離起點。當時的我並沒有跟著做，一來我缺乏那一些同學的決心跟毅力，二來我心底有一個小小的聲音：「零」不會永遠只是「零」，既然選擇了，堅持下去，總會有改變。

果然到了大學三年級，機會像龍捲風一樣襲來，屏風表演班的李國修老師即將到系上開課，只收三個學生，徵選條件是隔週交一個五分鐘的舞台導演小品。雖然我對於導演的理解一無所知，不過，夢寐以求的國寶人物國修老師要收學生，說什麼也要擠出一齣小品。在幾天的時間之內，我迅速寫了一個很簡單的劇本，商請同學擔任演員，大家幾乎是在台詞背一背，走位隨意排一排的狀況下，手忙腳亂地在國修老師的面前演出。演完之後，我腦袋一片空白，絲毫不敢回憶方才發生的事。出乎意料的是，隔週公佈的入選名單裡，竟然出現了我的名字，代表我擠進了劇場界最頂尖的屏風表演班，可以貼身跟著表演大師學習。那一刻，一直在迷宮裡打轉的生活好像開了一道門，籠罩在頭頂的烏雲，總算出現了一窗破口，射進細長而耀眼的陽光。

機會來了，當然要好好把握。接下來的一年多，我像海綿一樣吸收過往從來沒有接觸過的導演概念，更磨練身為演員必須具備的劇本拆解、角色分析等基本功。在遇見國修老師之前，我像是一輛全新的遙控車，在遇見他之後，我大概才第一次裝上電池，得以在表演的領域上全速衝刺。

更驚喜的是，學期結束後的暑假，國修老師找我進屏風表演班，擔任他的代排演員。意思是當國修老師導戲的時候，我代演他的角色；當他開始演自己的角色，我可以坐在旁邊好好學習。除了讓我貼身觀摩專業演員的角色揣摩，更見識到大型專業劇團如何像齒輪一般咬合運作。製作喜劇時，如何精準地掌握觀眾的笑點，演出悲劇時，演員的眼淚怎麼引出觀衆的眼淚。

短短的時間之內，我對表演萌發更多深刻的想法，回到台大戲劇系的課堂上，其他老師對我的成長頻頻點頭。連續劇中常常上演一個原本毫不起眼的人，出外闖蕩之後光榮返鄉，不只學識、涵養令人刮目相看，成熟後的顏值更是驚為天人，這正是當初我回到台大戲劇系給人家的感覺。正因如此，我從蟄伏兩年多的戲劇生涯破繭而出，首次感覺自己踏出新手村，可以帶著隊友打怪練等了。

一轉眼來到大學四年級的畢業製作，我們選擇製作即興喜劇《一個僕人兩個主》，故事描寫一名自作聰明的僕人，為了賺兩份薪水，同時服侍兩個主人，因而發生許多爆笑的情節，我順利獲得了擔綱男主角的機會。因為上了國修老師的課，又在暑假擔任代排演員，我的視野大開、功力激增，早已摩拳擦掌，準備好在所有人面前展現實力。誠如前文所提到，大學二年級時，在幾乎沒有任何表演訓練跟演出經驗的狀況下，我都能靠著直覺扮演好《威尼斯商人》中的反派角色夏洛克，如今我好比穿上滿身的裝備和武器，怎麼可能不來一個狂勝呢？

不過，代誌絕對不是親像憨人所想的安內，所有喜愛體育的朋友應該都聽過一種故事；一個本來不在專家雷達中的無名籃球員，意外獲得上場的機會，他靠著自己過人的球感，殺得對手措手不及。短短的幾場比賽，讓他躍上枝頭成為球星，從無人關心到球迷擁戴，所有人都看好他將會更上一層樓。誰知道下一季對手開始對他重點盯防，導致他的缺點曝光；而球迷投注過高的期待，即使他球技進步了，依舊追不上眾人的殷殷期盼，連原本引以為傲的球感也消失無蹤（我不是特別在講林書豪），這正是我在畢業製作的寫照。

我原本以為在屏風表演班吸收的養分，會讓我輕輕鬆鬆在舞台上發光發熱，但是，我卻忽略了再一次當上主角，親友與師長對我的期待比兩年前更高，壓力隨之而來。結果大二在演出《威尼斯商人》時所展現的靈動與自信，在《一個僕人兩個主》當中蕩然無存。每講一句台詞，只要台下觀眾沒有反應，我就忍不住開始想：「這不是一齣喜劇嗎？為什麼他們沒有笑？」而當其他演員逗得觀眾樂不可支，我又開始懷疑自己：「我不是主角嗎？為什麼被比下去了？」舞台上的感覺愈不如意，我愈希望自己能多做些什麼，但是無論怎麼做，都沒法滿足觀眾與我的期待。每場表演左支右絀，謝完幕我鬱鬱寡歡，觀眾的反應讓我灰心，每一個批評和建議，都被我視為不懂得欣賞藝術。口頭上這麼說，但是夜深人靜時捫心自問，連我都不滿意自己的演出，只想從腦中抹去這一次的畢業製作。

我媽媽曾經告訴過我：「跌倒也要抓一把沙。」我在總結大學所學的畢業製作重重跌了一跤，因此試圖讓失敗不只是化做記憶洪流中的一個小汙點。我反覆思索，明明在專業劇團和國修老師身邊學得比別人多，為什麼表演沒有同步升級呢？經過不斷反省之後，我才赫然發現，我的生活歷練單純無比，從小沒吃過什麼苦，從幼稚園到高中，學校都是在步行範圍之內，即使上了大學，搭公車通勤也只要十五分鐘。換句話說，我是一隻沒有離過巢的雛鳥，待在安穩的生活圈裡，連展翅飛翔的感受都不知道，一個人生體驗如此貧乏的人，就算上滿全世界最棒的表演課，依舊演不出有血有肉的喜怒哀樂。發現問題癥結之後，我赫然發現在成為一個演員之前，我得先在生活中摸爬滾打，豐富人生的歷程，更得弄清楚自己一個人是什麼樣的感覺。原本已跌落谷底的表演人生，猶如拉出一條救命繩索，代表自己又有新的可能，只要往上爬，每一步都可以從零到一，每一次一點點的不美好，一定會成就未來某一天的美好。

Ch. 5

在陌生的土地上

哥哥在我國二的時候延續家族醫學傳統，順利考上台北醫學院，全家雀躍不已，在他開學的前一天，爸爸開車載著全家人前往台北市吳興街的台北醫學院繞了一圈，車上瀰漫著金榜題名的喜悅，大家七嘴八舌地討論哥哥光明的未來，我媽媽突然說：「還好考上的是台北醫學院，要是考上高雄醫學院，或是台中的中國醫藥學院的話，光是煩惱找房子的事情，我的腳底都冷起來了。」

車上的所有人聽了猛點頭，十四歲的我更是忍不住開始想：「真的耶，如果學校不在台北，就不能住家裡了，也太恐怖了吧？」過了幾年，我幸運地考上台灣大學，代表當初煩惱的外宿問題已經不用討論，我只需要學會有哪幾路公車從我家開到學校，未來四年，我可以舒舒服服地繼續窩在家裡，享受熟悉的電視、冰箱、冷氣和家人的支持。

正因為「吃飯鍋中間（台語）」的出身背景，當我在大學畢業之後，準備到紐約電影學院（New York Film Academy）進修表演時，才是我人生中第一次離家。頭一回沒有人告訴我每天要做什麼，自己一個人決定生活大小事，再加上非常幸運地得到父母親全力的經濟奧援（抱歉，關於如何正確投胎，我實在沒辦法教大家），所以我猶如脫韁野馬，滿心期待要在寬廣無邊的翠綠草原上恣意奔跑，蠢蠢欲動的幸福感隨時都要漫出來了。不過，這也代表本人正式脫離農場馴養的家畜生活，孤身一人面對弱肉強食的大自然，而「外面世界」的挑戰，真不是天真的我想像得到的。

一提到紐約，映入我爸媽腦海裡的淨是電視和電影中所呈現的繁忙冷漠、龍蛇混雜、交通混亂，甚至警匪追逐，因此對於我要落腳紐約，兩老頻頻搖頭；加上正好有他們的朋友住在鄰近的紐澤西，為了在異鄉打拚有個照應，所以最後決定讓我在紐澤西租屋，搭火車通勤到紐約上課。雖然早起趕車有一點挑戰睡眠不足，但對於年輕力旺的我不是太大的問題。比較麻煩的是，有別於一張悠遊卡跑遍天下的天龍國台北，在地大物博的美國若是沒有汽車，等於在台南沒有機車一樣寸步難行，因此我開始研究如何在美國開車上路。

按照法規，想在美國買車，只要備齊國際駕照與台灣駕照，到紐澤西當地的監理所（DMV）準備辦理換照，無須路考，只要通過筆試，我就能徜徉在阿美利堅合衆國的大地。雖然從我的住處到監理所，必須頂著凍出靈魂的天氣轉三班的公車，再走十五分鐘的路程，接著在擁擠如跨年現場的監理所中排兩個小時的隊，才輪得到我填申請表和遞交資料。不過，只要有耐心，人人都能換駕照，說穿了都是體力活，哪

我在紐約住的公寓，用電腦的是我，伸出兩隻腳的是來拜訪我的哥哥，青春就是在一個很亂的地方也能吃得好睡得好，每天都過得很開心。

有什麼困難？一件像投手撿到滾地球快傳一壘一樣輕鬆寫意的事情，偏偏在輪到我之後，產生了異常複雜不合邏輯的超展開！

我在排隊的人龍裡捧著所有的表格和證件，一次又一次地演練待會兒與服務人員對話中會用到的英文關鍵字，例如driver's license（駕　照），international driver permit（國際駕照），knowledge test（筆試）等，正如頂尖運動員在比賽前做的意象訓練，反覆地模擬場上可能會遇到的各種狀況，好讓自己能夠交出完美表現。好不容易櫃台顯示螢幕出現了我的號碼，我忐忑不安地上前，面無表情的服務人員一句話也沒說，抽走我遞出的文件，反覆查看，拿筆做了幾個記號，劈哩啪啦地敲打電腦鍵盤，然後盯著我說：「可以看看你的護照嗎？」

我開心地想著：「太好了，這一句英文我聽得懂。」於是點了點頭，從包包掏出護照交給他。他一手翻開護照，一手打著電腦鍵盤，眼看一切水到渠成，他突然搖搖頭，冒出一句：「你的國家不在我們可以換照的名單當中。」

我傻眼地說：「What? I am from Taiwan.（不會吧，我是台灣人。）」

「台灣在我們的名單當中，但你的護照上面是寫R.O.C.。」

當年護照還沒加註「台灣」，我趕緊說明：「Yes, but it's the same thing.（其實是一樣的）」，他依舊面無表情地說：「我在你的護照裡頭找不到任何一頁寫著Taiwan，所以你的國家不在我們的名單上面，請你完成筆試之後，再跟我們約路考的時間。」說完他把所有的表格跟文件遞了回來。

我站在原地既著急又難過，但是護照翻來覆去還真的找不到台灣兩個字，滿腔怒火讓我想跳上櫃檯向他來一堂機會教育：「修但幾咧，外面的天氣冷到我鼻涕流不停，我坐了不知道多久的公車，然後又排了兩個多小時的隊，現在你要用這種芝麻蒜皮的小事刁難我不是台灣人？安內乾丟？我當然理解國際現實，也理解台灣很小，在全世界的能見度還不夠，但是，我總不會是幾十年來，全紐澤西州唯一一個拿著車輪餅護照來跟你換駕照的人吧？邏輯很簡單，道理很明白，可是你這一位美國人視而不見，根本沒有服務熱忱，只用一句『名單上面沒有你的國家』搪塞我。好，我好好地給你上一堂歷史課，你就會知道自己有多愚蠢了……」

無奈我將腦中的長篇大論切換成另一個陌生的語言之後，只剩下弱到爆的「O…… Okay, thank you.」他露出一付「下一位」的表情，我只能將所有的東西塞進背包裡，躲進厚重的外套、圍巾、手套和毛線帽等禦寒衣物層層包裹的防護裡，扭頭快步衝出監理所。門外寒風撲面而來，我癱坐在門口旁邊的地上，不爭氣地哭了出來，眼淚跟鼻涕在圍巾上糊成一團，我分辨不出是不是為了國格受辱而落淚，只知道坐在陌生的土地上，滿腹委屈卻沒有家人可以依靠，感覺孤獨又難受，我好想家。

初次踏上陌生國度的不適應感，帶來強大的衝擊，但是快速因應環境調整生存模式，正是動物的本能，時間一久，我慢慢地將陌生轉化為熟悉，即便在客場比賽，依舊像在主場一樣自在，當初思鄉心切的不適應，在紐約電影學院的表演課程正式開始之後，逐漸被鑽研表演的鬥志與興奮感取代。

在為期一年表演課程中，我是全班唯一一個非英語系國家出身的學生，如果這是

紐約街景，我總覺得以前的相片看起來，消失最多的不是膠原蛋白，而是那種無憂無慮的歡欣感。

一場拳擊比賽，我相當於在比賽開打之前，先讓對手一隻右手，少了一半的攻擊力。不過，許多美國人高中畢業不打算升學，希望直接往自己的夢幻職業前進，所以我恰巧也是全班唯一一個受過完整大學戲劇系教育的學生，不但年齡和成熟度硬是比同班同學多了一點，對於表演的領悟力和經驗更是高了一個頭，即使封印了右拳，我的左勾拳可是有一拳撂倒對手的實力，任誰都不能小覷。

無論如何，在異鄉打拚仍然充滿挑戰，看著來自四面八方的同學，即使每個人成長環境、思考模式和文化大相逕庭，我跟他們一樣，都是離家追尋自己心中的夢幻職業，縱使生活與課業上的壓力山大，能與志同道合的同學朝同一個目標邁進，找到同伴的歸屬感油然而生。雖然不是我人生第一次面對英語授課，卻是我第一次得用英語證明自己，無論是上課、排戲、討論劇本或是演出，環境強迫我快速打開視野，融入全新的文化中，同時結交到想都沒想過的朋友，下課之後有人能一起吃晚餐，放假時呼朋引伴一起去看電影、看舞台劇和看球賽，都是生活瑣事，卻都是大事。慢慢地，我不再感覺自己那麼地害羞，從完全的局外人一步步變成圈內人，找到同伴的歸屬感，讓異地生活的不適應消失無蹤，即便再遇到像換駕照一樣不順利的偶發事件，至少我有一群能分享心事、相互扶持的好友。

一晃眼來到學期中，學校舉辦了一個迎新party。一提到party這個詞，在我這個「小台灣人」的想像中，立刻冒出一間貼滿彩帶與造型氣球的教室，周圍擺上幾盤簡單的餅乾、杯子蛋糕和汽水飲料，大家一面吃著點心，一面拿著紅色塑膠杯喝汽水，友善地微笑打招呼，慢慢熟悉彼此等輕鬆的場合。我想入境要隨俗，無論好不好玩，總要體驗體驗。殊不知在「大美國人」的文化裡，所謂的party，特別是高中生和大學生的party，必須具備三大要素：無限暢飲的啤酒、beer和小麥發酵飲料。所以一到現場我大開眼界，既然是無限暢飲，當然要發揮了台灣人勤儉持家、民胞物與、知福惜福再造福的精神，有多少，喝多少，絕對讓主辦方有面子。喝著喝著，我發現了營養學與語言發展學的重要理論，那就是酒精濃度與英語理解能力呈正相關，只要酒喝多了，英語再差都會變很好，不管聊到什麼話題，一定是開心和大笑。最後我根本不記得我喝了一打還是一箱，只記得死命撐著僅存的意志力，扭著不太受控制的肢體，凌晨一點多從紐約市坐火車回到紐澤西。但是紐澤西車站往我家的支線已經沒有車班，我問了站務人員，得知下一班車是隔天早上六點，月台的時鐘指著凌晨兩點半，還有三個多小時，我要做什麼呢？酒精濃度過高稀釋了我的拘謹，我索性走到月台旁邊找了一個寬敞的位置，將外套折成枕頭，在陌生的土地上舒舒服服地躺下來，一路睡到第一班車進站。活了二十多年，我從來沒有玩得這麼開心。

在陌生的土地上，卻從孤立無援到樂不思蜀，心境上的天差地遠，是我在離家之前無法想像的，這不就是青春嗎？一個人在異國生活，逼得我快速地變成一個大人，雖然更加成熟，但是到了美國之後發生的一切好事壞事，更像是我的second childhood（第二個童年），只要人身安全不出事，在長大之後過一段無人置喙、自由自在的生活，玩得開心的同時，也探索自己真正的模樣，學習和自己相處，其實正是我未來人生大步向前最重要的動力。因為只有真實的你，才能讓你在人群中發亮，只有學會和自己相處，才能讓你抓準人生專屬自己的節奏。對我來說，當年勇敢地踏上飛機，是我人生中最重要的決定。踏出去才知道可不可以，不踏出去，永遠不知道你行不行。

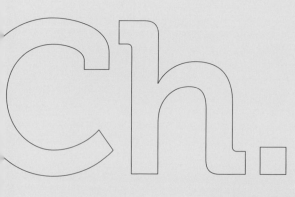

Ch. 6

無價之寶

香港電影大神周星馳有一部作品叫作《喜劇之王》，在電影中，他扮演一個一心想要成為主要演員，但是每天只能在片廠想方設法蹭一個龍套角色的小人物，要是排不到角色，當天連片場的便當都沒資格吃，生活清苦又心酸，天天遭人取笑，女主角張柏芝扮演的酒店小姐，時常酸度爆表地用「死跑龍套的」來調侃他，而星爺總是懷著從業自豪感，一臉正色地糾正她說：「妳可以說我是個跑龍套的，但是能不能不要加一個『死』字?」看似平淡的一句話，正是所有星爺的電影當中，我最喜歡的一句台詞。因為當中代表著一種堅持；就算我做的事情在別人的眼中無比卑微，但是在自己心中的份量卻是沉甸甸的「無價」。如此高尚的情操，正是我當初在美國追逐明星夢的寫照，讓我心有戚戚焉，更重要的一點是，我也當了很久很久很久的「跑龍套的」（千萬不要加一個死字）。

當年我跟許多追逐鎂光燈的青年男女一樣，懷著成為演員的雄心壯志到繁華的紐約闖蕩，為了嘗試在美國演戲的感覺，我花錢拍了經紀照，將自己少到不能再少的演出經驗打成履歷表，寄給全紐約近兩百家的經紀公司，這種亂槍打鳥的作法成功率很低，但是無非就是盼望能夠得到眾家經紀人一絲絲的青睞。身為一個英語並非母語的外國人，要在美國拿到表演機會，就像在NBA球員防守下得分一樣渺茫，所以寄出去的照片和履歷幾乎已讀不回，好不容易接到演出機會的通知多半是所謂的「背景演員」（Background Actor），意指在電影或者電視影集當中，沒有台詞，只需在背景走來走去，讓畫面更加豐富的演員，也就是我們俗稱的「跑龍套」。看起來頗為心酸，可是哪一個行業不是從基層累積經驗？況且不用說話，不就適合我這一個外國人嗎？因此，我很快地一頭栽入了龍套演員的生活，就像《喜劇之王》當中的周星馳一樣，用盡全力扮演路人甲和餐廳當中的服務生，甚至是法庭當中的陪審團一員，只要在鏡頭上有一秒的停頓，或是從主角的旁邊走過，我就會抬頭挺胸地覺得自己為了電影出了一份力。要是在電影中和好萊塢明星同框，那更不得了。一定要打電話跟家人朋友分享，雖然沒有台詞，也不是真的在演戲，更談不上對於演技有任何增進，但是那種大家真的以為我在美國影壇混得不錯的崇拜感，對於隻身前往美國走跳的我來說，真的是會讓不知道下一個演出機會在哪裡的我，再次充滿能量。

雖然出國打拚能不能闖出名堂要看機運，但是每一個人都能張開所有的感官增廣見聞，看看世界最繁華發達的地方，有什麼值得自己效法，將知識與經驗化為人生中的重要養分。在擔任背景演員的那幾年，雖然沒有一次分配到有台詞的角色，但

在熱門影集《花邊教主》（Gossip Girl）跑龍套，飾演主角在私立學校的同學，每次只要剛好坐在知名演員旁邊，總是自己腦補成有參與「演出」，然後大肆跟台灣的親友宣傳：「鄉親啊，我站上好萊塢的舞台囉！」

是我仍是實實在在地參與美國電視電影的拍攝，得以近距離觀察世界頂尖的影視產業如何運作。各行各業都有不為人知的甘苦，如果要說在美國拍片最辛苦之處，我認為出外景最折磨人，因為美國的天氣不像寶島台灣那麼宜人，冬天真要冷起來，低於零度也是司空見慣。如果冬天上戲時不幸碰到劇本的背景發生在夏天，那就只能在導演喊「Action！」之後，頂著冷死人的低溫，穿著短袖T-shirt，強忍顫抖地演一個被太陽曬得滿身大汗的路人，一面故作輕鬆，一面不斷地祈禱導演趕快喊cut，好讓我可以把毛衣、手套、外套跟圍巾全部穿上，窩在一旁回溫。如果導演要再來一個take two的話，就只能把快要凍僵的鼻水擦一擦，脫下全身裝備重走一次。我記得碰過最慘烈的紀錄是take nine，代表我硬生生在零度低溫下重複穿脫九次，演到後來，差點感覺不到自己的手腳。

螢光幕上光鮮亮麗的畫面，都是無數工作小時反覆琢磨出來的。在辛苦的拍戲過程中，我真的見識到美國影視產業嚴謹而完整的工作制度。在美國，演員背後有工會（SAG）保障每一個人的權益，當然也包含我們這一種跑龍套的背景演員。我取得了工會資格以後，發現所有工會成員都是按表操課、按時計酬。如果當天的工作是早上八點開拍，那麼現場必定會準備外燴早餐，開拍六個小時之後，一定要吃午餐，沒有餓著肚子工作的道理，不會上演《喜劇之王》裡周星馳想拿便當，還要吳孟達恩准的劇碼。

拍攝超過八個小時之後，馬上進入加班模式，並開始計算加班費，超過十二個小時，加班費再調漲。如果拍超過十六個小時的話，那麼當天所賺的錢就會翻倍，我們都稱為golden hour，表示每一分鐘的演出都是金光閃閃、荷包滿滿。另一方面代表若製作公司不想多花錢的話，就請導演加快腳步，趕緊拍完進度，別讓工會的成員太累啦！至於工會制度有沒有約束力呢？根據規定，在完成一天的拍攝之後，製作公司必須要在兩個禮拜內將薪資寄給演員。有一次我完成演出，等到第三個禮拜，仍然沒有收到酬勞，於是某天早上，我打了一通電話向工會反應，告知他們我遇到的狀況，並提供工作的資料，沒想到當天下午，我就收到了快遞送來的支票，比網購24小時到貨還快。雖然金額不大，只有一百多塊美金，但是背後有人罩的感覺，讓我彷彿吃了一顆定心丸，更篤定自己可以在變動極大的演藝圈闖出一片天。

人生中最難忘的一場球賽，也是在我跑龍套的時候發生。

那是二〇〇六年的大聯盟國家聯盟冠軍賽第七戰，紐約大都會隊在主場迎戰聖路易紅雀隊，當時我接到電影的演出機會，身處在一家很舊的中國餐館，而我沒有意外地領到一件圍裙，飾演在餐廳裡忙碌穿梭的服務生。特別的是，現場的導演、攝影師、燈光師和多數的工作人員，紛紛穿著大都會的各式加油T-shirt，甚至連主角（我真的想不起來他叫什麼名字）在他的戲服底下，也偷偷套了一件大都會隊明星三壘手大衛．萊特（David Wright）的球衣。一群必須在關鍵球賽進行時工作的人，在沒有事先約定的狀況下，宛如同步連線般用相同的方式表達對在地球隊的支持，由此可見，棒球運動早已深植在美國人的文化當中。

在那一間陳舊的中國餐館牆壁角落，有一台比整家餐廳還要古老的電視，如果要切換頻道，要有人走過去扭著手動開關才能轉台，簡直可以送進博物館展覽了。打開之後可以看到球賽的轉播，但是它的畫質令人不敢恭維，不但讓大都會藍色的帽子變

跟來訪的哥哥去舊大都會球場「Shea Stadium」看比賽，如果想問為什麼我會是大都會球迷的真正原因，大概就是因為我跟我哥的一種沒有意義的反骨吧，想要支持比較沒有那麼多人支持的球隊，而我爸爸對於這一點一直不解，總是認為明明洋基就比較強，但我跟我哥這兩個「好命仔」卻要支持什麼大都會，是一種少爺不知天高地厚社會現實的表現（我認為爸爸沒說錯）。

成綠色的，還讓十月份的球場看起來雪花飄飄北風蕭蕭，可是對於被困在這裡拍攝的所有演員，這一台骨董文物已經是我們最棒的救星了。

當天每次導演喊出：「Action!」所有人立刻進入戰鬥狀態，極其專注地做好自己該做的事情；攝影師努力拍出導演要的畫面，主角情感恰如其分地說著台詞，而我則是非常投入地演好一個在幫忙上菜的服務生，只要導演一喊：「Cut!」所有人立刻轉向電視，連珠炮地問著：「現在幾比幾？」非要確認比數沒有變化，大家才能鬆一口氣。真正讓我們心臟差點暫停的時刻是在六局上半，當時雙方戰成一比一平手，紅雀強打史考特．羅倫（Scott Rolen）在一壘有跑者的狀況下，一棒將球打到了左外野方向，又高又遠，眼看這會是一支打破平手僵局的兩分砲，很可能直接為這場球的輸贏定調，但是，沒想到大都會左外野手恩迪．查維茲（Endy Chavez）竟然如閃電般衝出來，在全壘打牆邊騰空躍起，硬是將手伸到牆的另一邊，沒收了這支全壘打（紐約球迷稱之為「The Catch」），接殺後立即回傳，封殺了回壘不及的紅雀跑者，直接用雙殺結束這一個半局。當時我們面對一片雪花的畫面，根本看不清楚球飛到哪裡，只能靠場上球員的反應來判斷發生什麼事情，看到選手振臂高呼，才發現大都會不但沒有落後，反而安全下莊，懸在半空的心全部落地，冒出陣陣歡呼，人人心裡都燃起了大都會進軍世界大賽的野望。

好不容易當天的拍攝告一段落，比賽進行到第八局，我立刻脫掉服務生的圍裙，穿上我的大都會T-shirt，準備去六條街以外的運動酒吧和朋友會合，一起迎接大都會隊贏球的最終時刻。六條街的距離，說長不長，說短不短，根據前面七局纏鬥的狀況，我推測打進延長賽的機會不小，若是跑步趕路，依我的速度，起碼趕得上九局下半。在速度方面，我的推測太準了，進入九局上半的時候，我大概跑了四條街，沿途經過的每一間酒吧都擠滿了穿著大都會服飾的球迷，但是在比賽結果方面，我好像被東方神秘力量附身，跑到第四條街的時候，我聽到一陣陣簡短的「喔……」從路邊的酒吧陸續傳出，語氣中夾雜著失望。原來紅雀鐵捕亞迪爾・莫里納（Yadier Molina）敲出了一支兩分砲，這一次大都會沒能夠再上演美技守備，只能眼睜睜看著球隊在九局上陷入兩分的落後，等我氣急敗壞地跑到約定的酒吧時，剛好看到大都會最後一名打者卡洛斯・貝爾川（Carlos Beltran）站著被三振。比賽結束，紅雀球員湧上投手丘盡情狂歡，而大都會再一次面對令人失望的結果。

在拍攝了一整天的戲，使勁跑了六個街口之後，支持的球隊卻痛失進軍世界大賽的門票。我的心情盪到了谷底，想一想例行賽拿了九十七勝的賽季，只差一場就能爭冠，怎麼會輸在最後一步？告別了朋友之後，我選擇慢慢走回家，希望沉澱一下心情。也許是我的無奈和失落全寫臉上，一路上迎面而來的路人，看到我身上的大都會T-shirt，紛紛微笑著鼓勵我說：「We're gonna get it next year.（明年我們一定會贏）」，或者是「Let's go Mets.（大都會加油）」。突然之間我發現，不管輸還是贏，這座城市和球隊都有同樣的心跳，只要盡力而為，就算結果不盡人意，總是有下一個球季可以繼續奮鬥，就好像一個總是沒有台詞的龍套演員，也永遠都有下一齣戲、下一個演出機會可以努力。

對大部分人來說，跑龍套難登大雅之堂，既稱不上表演，也無法增進演技，有些人甚至認為那是浪費時間。但是，我一直認為人生沒有白走的路，只要認真的生活，就沒有任何一分鐘是浪費的。我在跑龍套的那幾年，沒賺到什麼錢，更沒獲得什麼名氣，卻得到了有錢也不一定買得到的人生經驗。我們都能夠像《喜劇之王》裡頭的周星馳一樣，傻傻地做、用心地找，路絕對不會白走，經歷過的一切，終將會帶領我們走上獨一無二的道路，就好像高手總是在民間，無價之寶就藏在你我的身邊。

Part. 1

Ch. 7

stand-up comedy

逗人發笑、讓人開心算是我從小就有的天賦，但是對於在舞台上從事喜劇表演，甚至成為一名喜劇演員，我倒是沒有太多的想法。畢竟大學演出畢業製作《一個僕人兩個主》的挫敗經驗太傷感情，當時賣命演出希望逗觀眾發笑，但是台下沒人鳥我的挫折感還深深烙印在心中。所以我常常告誡自己，喜劇沒有我想像的那麼簡單，還是先閃開，讓專業的去做比較實在。如果我真的要演戲，按照外型、實力與戲

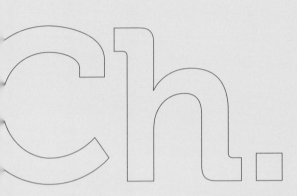

路分析，應該往「台版艾爾・帕西諾」這個目標前進比較實際（可見我以前還蠻不了解自己的）。不過，一個人的喜感就好像自然捲一樣，還蠻難隱藏的，就算定期用離子燙把頭髮燙直，抹上再多的造型髮品，明眼人一看，都會發現你是一個假裝頭髮很直的捲毛。同樣的道理，雖然我不斷地告訴自己要往「嚴肅演員」這一條路發展，但是在舞台上或者是鏡頭前，總是自然而然地讓人笑出聲。

當我即將結束紐約電影學院的年度表演課程時，老師Lea認真地建議我說：「Michael，你想試試看喜劇嗎？我覺得你有一種天生的幽默感，這種天賦不是人人都有。」其實當她說我有天生的幽默感，我並沒有覺得有什麼特別，畢竟艾爾・帕西諾可不是以幽默見長。但是，當她說這種天賦不是人人都有時，倒是打進我的心坎裡，因為美國有一句話說：「百分之九十九的人都能假裝他們很嚴肅，但是幾乎沒有人能假裝他們很好笑。」而Lea的意思就是說我是後者啦！既然擁有一種萬中選一的超能力，紐約好男兒蜘蛛人的班叔也說過：「能力越大，責任越大。」我應該勇敢地在喜劇的宇宙當中嘗試當一名超級英雄，即使在這一個宇宙當中，英語才是官方語言，但是我還是扛起重責，拯救生活苦悶，早已忘記笑聲為何物的蒼生。

在美國要做喜劇有兩大路線；一個叫做即興喜劇（Improv），另一個叫做脫口秀喜劇（Stand-up comedy）。其中即興喜劇就是一種表演內容全靠演員的即席反應所組成的表演模式，演員在舞台上吸收現場氣氛與其他演員的互動，於零點一秒中吐出下一句爆笑台詞，不瞞大家說，我的大學時期有一堂課叫做即興表演，我幾乎是全班表現最出色的那一個，同學老師都說讚，活脫脫就是一位即興小王子。不過即使在美國闖蕩一段時間之後，英語突飛猛進，日常生活的對話，或者是上台報告都流暢無礙，但是要像一個在地人一樣臨場蹦出爆笑金句，還是有一段距離，所以我沒有認真地考慮走上即興喜劇之路。

至於脫口秀喜劇，類似近幾年台灣很紅的《博恩站起來》，是指一個人拿著麥克

在美國的喜劇酒吧（comedy club）表演脫口秀，其實與其說幽默感，我覺得那段時間培養出的勇氣才是最可貴的。

風，對著台下觀眾說笑話的喜劇模式，題材多半來自對生活大小事的有趣觀察，相對於即興喜劇，比較可以事先準備。既然即興喜劇行不通，「可以事先準備」就像憲法一樣凌駕在所有法律之上。當我決定要做脫口秀喜劇後，馬上開始窩在家裡，強迫自己坐在電腦前面，想想有什麼好笑的故事可以分享。從自身的經驗出發，想到的內容無非是身為一位亞洲人住在紐約所發生的事情，例如為什麼美國人認為我不會說英語時，就會用英語把同樣的句子以很慢的速度重─講─一─次─呢？看不懂三角函數練習題的人並不會因為題目字體變大就會算得出答案啊！老實說，這樣的內容不是什麼驚為天人的觀察，但是還算可愛有創意，而且為了彌補自己的英語不如當地人流利的劣勢，我會先把稿子寫好，然後透過死背反覆修正發音和語氣，讓自己的英語聽起來更道地。雖然這一個方法聽起來比較笨拙，但是當時正值青春無敵，我也沒有管那麼多。等我覺得準備就緒了，我想直接找一個喜劇酒吧試試水溫，搞不好觀眾會很喜歡也說不定。

喜劇酒吧都有一個時段叫作「open mic」，意指一般民眾均可參加，只要提前去現場報名，並花錢買一瓶啤酒，人人就能上台表演五分鐘，通常底下的觀眾人數都不多，但是表演者能得到他們最真實的反應。這些open mic時段是正是我最先試水溫的地方，而我表演的內容，有時觀眾會一臉漠然，有時會大笑，但是更多時候只是客氣地微笑一下，這一些珍貴的回應，幫助我明白觀眾喜歡什麼，不喜歡什麼，藉此修改或是刪除段子。在經過幾次的嘗試之後，我將過往的段子精緻化，慢慢地生出了約七分鐘的表演內容，開始從 open mic 進展到做「bringer show」。

相較於一瓶啤酒就能上台的 open mic，報名 bringer show 得分攤票房壓力，就是表演者必須要自己售票帶觀眾進場，才能換取表演的機會，通常要帶五到七人，對於人生地不熟的我來說，每一次登台都要找到七個觀眾確實不容易，因此我多次麻煩了幾位台灣的朋友買票助陣，這一份恩情我一直放在心中。其實真正的壓力來自於，我已經凹了七名朋友花時間又花錢，吃吃喝喝加小費，一個人二十塊美金跑不掉。如果我表現得不盡人意，全場尬到不行，豈不是對不起他們嗎？好在我觀察到，對於脫口秀新手來說，上台的時機至關重要。如果當天第一個上台，可能觀眾還在陸陸續續進場，或是忙著看菜單點餐，等飲料上桌，根本沒人沒有注意台上的表演，反應自然差了許多，剛出道時，正因為不諳規則，我吃過好幾次悶虧。

後來發現，如果能在中後段再上場，觀眾反應可不一樣，一般人已經喝酒喝開了，情緒比較放鬆，無論說什麼，底下爆出笑聲的機率都高出許多。所以我常常故意跟籌辦表演的人說，我當天有一點事情，可能會晚點到，其實是希望可以晚一點上台，避免觀眾反應不好。這個作法確實讓我多次躲掉了觀眾反應很乾的窘境，但是畢竟是從外在因素下手，而非精進表演內容，就好像一個考生每次模擬考都寫簡單的題目，成績漂漂亮亮，要是聯考出題出很難，該怎麼辦呢？

果然，有一天我真的碰到難題了。那一夜酒吧觀眾爆滿，我上場的時間在中後段，正是大家很high的完美時刻，就在我的前一個表演者講完，我已經準備要走上台時，主持人突然宣布：「我們有一個神秘嘉賓突然現身，他就是知名喜劇演員克里斯．洛克（Chris Rock）！」他在一陣歡聲雷動中輕鬆地步上舞台，從第一句話到最後一句話都讓全場笑翻，毫無冷場地講了一個小時，而觀眾跟著大笑了一個小時，末了他簡單地謝謝大家，搖頭晃腦地步出酒吧，全場絕大部分的觀眾根本沒預料到可以多聽一個小時大師級的表演，紛紛心滿意足地起身買單。當主持人接著介紹我上台時，整個酒吧幾近全空，大概只剩下被我凹來的朋友，面露尷尬不失禮貌地微笑，默默地聽完我「背誦」完七分鐘表演，現場靜到連一根針掉到地上的聲音都聽得見，走下舞台時，我心中充滿了對朋友的歉意，心裡還不停嘀咕：「都是克里斯·洛克，害我從史上最佳的表演機會變成史上最差。」

如果說脫口秀喜劇教會我什麼事的話，那麼絕對是面對挫折的能力，比起一般的舞台劇，萬一表現不佳，還有同劇的演員一起陪你，甚至有經驗的老鳥一看不對勁，立刻出手carry。脫口秀是一個孤獨的殘酷舞台，出糗的只有你自己。老實說，那一種站在舞台上最怕空氣突然安靜的尷尬，或者走下舞台不敢面對特地來看你表演的朋友的愧疚感，我到現在都還記得清清楚楚。但是我始終認為，在舞台上出糗就像失戀一樣，當下會覺得生不如死，感覺人生一切努力全是白費，甚至指天畫地向親朋好友發誓：「這一輩子再也不談戀愛了！」不過，只要家裡悶了幾個禮拜，或者是和朋友聊聊天之後，有一天，戀愛的渴望再度上身，馬上覺得可以再愛其他人了。在被克里斯．洛克搶走全場焦點的史上最差演出之後，我意志消沉了好幾個禮拜，突然又有了想要上台表演的慾望，至於冷清的觀眾席，朋友禮貌的笑臉，全部隨他去啦！

那一年的五月份，爸媽突然說要從台灣飛來紐約看我，對於在美國這麼多年，金主頭一次要來考察長期投資的潛力股實力如何，我當然得要好好表現才行。所以我特別安排了兩場脫口秀的表演，完全依照標準作業模式；一是先跟主辦單位說，當天我有一點事情會晚到，好讓自己在最有利的時間上台；二是邀請了我所有的朋友到場，囑咐他們務必要讓現場的氣氛high到最高點。甚至為了拿出最亮眼的表現，我每一天都請爸媽自己去紐約街頭散散步，給我一、兩個小時的獨處時間，好讓我把表演的內容準備到最熟稔。

到了演出當天，一切如我所願，現場果真座無虛席，我也確實被安排在中後段登

我爸真的是個很硬漢的人，他在退休後還跑去北極遊玩，甚至跳了北極海。這種硬派的態度也體現在對我和我哥的教養之中。但對我來說，他平常雖然對我們的要求很高，也常常不留情，卻是最懂我的人。

台，只要克里斯·洛克不要再走進來，我絕對能夠在金主面前完美演出。

當主持人講完介紹詞，我自信爆棚地走向舞台，準備給全場留下美好的印象，卻沒想到要踏上舞台時，我的腳踩了個空，差一點點跌成狗吃屎，全場一片驚呼，還好主持人及時拉住了我的手，要不然可能就要四腳朝天了。對我來說，有沒有受傷事小，現場的氣氛改變才是我擔心的嚴重後果，畢竟觀眾原本喝得醉醺醺，已經準備好鬆一下，突然看到一個人差點受傷，萬一酒醒了可不好逗樂。我趕緊鎮定情緒，字句斟酌地背誦完七分鐘精心打理的段子。憑良心講，觀眾的反應還不差，幾個punch line順利點燃笑果，就算登台的小插曲讓現場的氣氛受影響，但是我對於人生第一次看脫口秀的爸媽來說，看到兒子在紐約講脫口秀讓大家開開心心，算是交出一張水準以上的成績單了吧？

表演結束之後，爸媽因為時差的關係，回到住所很快就睡了。直到隔天早上，我才有機會跟他們聊聊對昨晚演出的評價。我滿心期待他們來幾句天花亂墜的讚許，沒想到我爸冒出的第一句話竟然是：「做這個脫口秀幹嘛？我覺得你太緊張了。」

我聽了差點傻眼，擠出一句：「這……可能一開始不小心踩空，差一點跌倒，所以有一點點緊張而已啦，那是意外。」

可是我爸搖搖頭說：「你就是因為太緊張才會踩空。你看，你表演之前還要每天花一、兩個小時練習，有必要弄成這樣嗎？昨天其他人講什麼笑話我聽不太懂，但是起碼我覺得他們只是來玩樂，都很輕鬆，只有你一個人好像很緊張的樣子。」

我努力壓抑著不滿，心裡冒出千百句辯解：「就是因為不想在你們面前出糗，我才求好心切天天練習。要是緊張，也是希望讓你們知道我很努力。我實在不懂，怎麼會變成好像是我做錯了？」但這些話我實在說不出口，最後我爸丟下一句：「我講的話，你自己要想清楚，只有家人會跟你說真話。」就跟我媽出門散步去了。當門關上的那一瞬間，我的眼淚直接掉了下來，心裡充滿了不甘心，卻又不知道如何反駁。

第一場表演天時地利人和到齊，卻還是無法得到金主的認可，對於隔週的第二場表演，我已經不抱任何期望，反正不可能找到比第一場更多的觀眾來看，更不可能突然生出不一樣的內容，我甚至跟爸媽說：「不如第二場表演取消不要做好了，我帶你們去其他的景點走一走。」

但是我爸只說：「看你自己，不過答應人家要做的表演，不要隨便取消吧！」奇怪，說我太緊張沒演好的是你，怎麼要我別取消的也是你？管他三七二十一，最後我還是按原計劃，打算等到第二場演出的日期一到，上台再背誦一次同樣的表演內容給金主看，至少對大家都有一個交代。

第二場演出安排在五月的最後一個星期一，也是美國的Memorial Day（陣亡將士紀念日），街上擠滿了放假出遊的人潮，表演的時間是晚上八點半。這一次我懶得再去計較自己什麼時候上台，大概八點就帶著我爸媽到表演的地方，現場除了主辦單位的收票人員之外，一個人都沒有，我跟我爸媽坐在現場，等到八點二十五分，人數激增一倍，多了三位觀眾進場。我意興闌珊地跟爸媽說：「人這麼少，你們要不要去附近走走好了？等一下我隨便講一講，再去找你們？」但是爸媽表示，他們沒有想去其他地方，要我安心地講好自己的脫口秀。我心想：「反正我已經跟你們暗示今天的氣氛會比上個禮拜還要差，到時候可別又說我表現不好。」

時間到了八點三十分，主持人說了幾個笑話開場，底下的五個觀眾（包括我爸媽）都沒有特別的反應，但是陸續地有三、五個零星的觀眾買票進場，從外表觀之，他們明顯已經在別的地方喝開了。八點五十分，觀眾已經累積到了二十個，到了九點五分，觀眾大概又多增加了十個。我心想，管他幾個觀眾，反正時間到了我就上台，放輕鬆把同樣的內容講一遍，不要跌倒就好。

接著主持人介紹我出場，全場歡聲雷動（謝謝你，酒精），這一次從我跟大家打招呼並介紹自己之後，拋出的每一句話都讓觀眾笑出靈魂，彷彿克里斯·洛克再臨。

前ＮＢＡ球星艾倫．艾佛森（Allen Iverson）曾經在單場獨得五十二分之後說：「今晚的籃框看起來像大海一樣。」如果我的笑話是籃球，觀眾是籃框的話，那一晚我真的體會艾佛森當年說的感覺。有沒有獨得五十二分我不知道，但是百發百中就是我的命中率。表演尾聲，我跟全場觀眾說：「謝謝大家，我是Michael Chen，」他們回以熱烈的掌聲。我接著說：「我的爸媽特地從台灣坐飛機來看我表演，我想特別歡迎他們。」全場的歡呼聲立刻升級，我爸爸突然站起來，像是總統候選人回應支持者般地跟大家揮手，我媽媽縮在旁邊的椅子上，害羞地像是想要找一個地洞鑽進去一樣，我站在舞台上，望著激揚的觀眾和驕傲的父母，篤定地告訴自己：「這絕對是我的『史上最棒演出』，沒有懸念！」

最近我不只一次在Netflix上面看到一些知名喜劇演員的訪談，當說到自己生涯當中最難忘的時刻，他們不約而同地表示，是在自己默默無名的時候，在最差的時間上台表演，卻能夠靠自己的表演內容，將冷到極點的現場氣氛炒熱至沸騰，因為只有在那個時刻，才能證明自己具備成為一名脫口秀喜劇演員的實力。而我當年在紐約做脫口秀，真正難忘的不是史上最佳的演出，而是爸爸看完我第一場表演後講的那些話。英語有一句話叫「missing the point」，意指一個人搞錯了重點。我爸當年要告訴我的就是我做脫口秀的方式有點「missing the point」說笑話本是一件輕鬆的事情，而脫口秀喜劇演員之所以能上台表演，出發點正是開心地和觀眾分享自己對很多事情的看法。像我一樣搞得每次上台都可比參加演講比賽一樣嚴肅正經，那可真是大錯特錯。

很多人聽到我在美國做的事情，都會羨慕地說：「你真幸運，有一對完全支持你的父母。」其實我覺得最幸運的是，有一對比我還了解我自己的爸媽，可以在我「missing the point」的時候，願意勇敢地對我說實話，讓我知道該如何修正我的方向，而不至於在錯誤的道路上迷惘地亂闖。

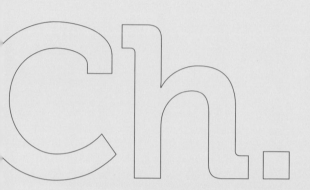

Ch. 8

地球是圓的？地球是平的？

有一位NBA球星叫做凱里·厄文（Kyrie Irving），他是二〇一一年的選秀狀元，憑著一手華麗的運球與刁鑽的上籃技巧風靡世界球迷，曾以德魯叔叔（Uncle Drew）這個公園籃球大叔的形象拍攝數支網路分享次數極高的廣告，二〇一八年改編成電影，與多位退役球星連袂演出。二〇一六年，他與皇上勒布朗·詹姆斯（LeBron James）聯手闖入NBA冠軍賽，於一勝三敗的絕對劣勢下，上演「驚天龍逆轉」，扳倒了當年在例行賽拿下七十三勝、不可一世的金州勇士隊。這一位籃球場上的絕對王牌，卻因為曾發表「地球是平的」的奇妙言論，引起網友熱議，反而吸引許多非籃球粉絲的關注，以及各方名嘴的揶揄。至於地球到底是不是平的？早已經有科學的根據證明，一名職業籃球員對於沒有研究的領域提出一些天馬行空的意見，也不需要太過深究背後的動機。但是對於厄文的發言，我最喜歡的是美國喜劇演員戴夫·查普爾（Dave Chappelle）的評論，他說：「地球是圓的還是平的呢？理論上來講，你往同一個方向一直走、一直走、一直走，最後你會繞地球一圈，回到你出發的地方，所以地球應該是圓的！」簡單的比喻，勝過許多專家學者所引用的艱澀理論，幾乎是一槌定音地讓所有討論畫下句點。這個說法之所以讓我感到印象深刻，並非地球科學是我的私人愛好，而是因為它跟我對於追求夢想的看法有幾分類似。

在追逐夢想的這一條路上，我可能是全世界最幸運的人；有一對全力支持我的父母，不但在經濟方面讓我無後顧之憂，而且在一般家長眼中，立志當演員是一個相當無理取鬧的願望，正如小孩子嚷著「地球是平的」一樣無知。但是我的父母親選擇百分之百地相信我，無條件地成為我最大的粉絲，也因此當我離開台灣、踏上美國的土地時，滿腔青春熱血等待爆發，有一種「老子糧草充足、兵強馬壯，任你是好萊塢或是寶萊塢大明星，我跟你拚了！」的霸氣。

而在美國的那些年，我確實全心全意地要在高聳堅實的影視圈城牆上鑿出一個破口，哪裡有表演的機會我都去，哪個領域可以讓我表現，我一定去嘗試。一般台灣人出國唸書，最起碼得要拿一個碩士學位，我可是從來沒有認真考慮。一來是只要有錢，隨時都可以唸書進修，但是想要揚名國際，只能趁年輕有衝勁的時候；再說，如果真的把表演當成夢想的話，理應專心致志地學習與嘗試，要是一面拿學位，一面試鏡，不就是暗示自己可能不會成功，所以要留一條後路嗎？

現在回想起來，只能說年輕人終究是年輕人，年少的我實在是清高到天真的地步。每當我感到挫折或是心灰意冷的時候，我總是為自己打氣說，再撐一下，不要有壓力，也許再過個彎，就可以看到屬於我的成功時刻。如此有自信，全都是因為我不用為錢低頭，更不用在生活的壓力之下放棄夢想，我有著強大的靠山足以在美國演藝圈長期抗戰，慢慢等待勝利的曙光出現。

雖然外在條件極為有利，內在條件卻始終拉扯著我。舉一個簡單的例子，NBA有史以來最偉大的大前鋒之一「郵差」卡爾・馬龍（Karl Malone），在二〇〇四年的NBA冠軍賽奪冠失敗後，再次成為自由球員，到了二〇〇五年，他仍保持著極佳的身體狀態，很多球隊非常有意願延攬這一位經驗豐富的名將，當成奪冠的最後一片拼圖。不過，面對多支球隊遞出的橄欖枝，指上猶虛的馬龍還是不考慮再拚一次總冠軍，毅然宣布退休。他坦率地說：「對於NBA的賽場，我有辦法把身體狀態調整好。但是我沒有把握能找回時時刻刻都想要競爭的心理狀態。」對比我在美國的追夢之旅，翻譯成白話就是：「錢不是問題，心才是問題。」

網路上有一句流行語：「時間是一把殺豬刀。」通常用來形容一個人年輕時的意氣風發、粉嫩英俊，在歲月的砍劈之下傷痕累累、蕩然無存，昔日的六塊肌化成軟嫩鬆垮的游泳圈，膠原蛋白流失如土石流，眼神中早已看不到青春的熱情。在我待在美國的最後那一段時光，正是這一句話的完美寫照。並不是指我的外型改變有多麼劣化，而是時間狠狠地在我的心頭上畫下一刀刀見血的刻痕，痛到讓我屢屢在黎明破曉時懷疑人生。

我剛到美國的時候正值二十三歲，雖然身高是四捨五入後的一七〇，但是頂著俊俏的外表，內含斯文活潑的氣質，外掛迷人的幽默感，在把妹市場簡直手到擒來。簡單的說，我是一個異性緣旺到發爐的人。不過奇怪的是，在接下來的每一年，我卻明顯感覺到，自己在男女交往的比賽中持續退步，如同一支年年都可以打進季後賽的勁旅，慢慢地跌到勝率勉強超過五成，最後淪為敗多勝少的樂透區弱隊。之所以如此，我認為倒不是外型衰老多少，而是隨著年齡的增長，我的強項已經不算分了。

在美國當演員必備的演員照（Headshot），我們台灣人看自己跟美國人看我們的角度很不一樣，因為他們對於亞洲人有種刻板印象，所以當時我都是走一種書生路線，畢竟他們就是認為亞洲人很會讀書數學很好，殊不知我兩樣都不好。

舉例來說，二十出頭的時候，長得帥、講話好笑，再加上有一個崇高的夢想時，在異性眼中是非常吸引人；但是一過二十五歲，顏值高與幽默感對異性而言，好雖好，但就是少了一點實在的感覺，而崇高的夢想，更像是一個遙不可及的空中樓閣，遠觀或是拍幾張照很不錯，但是沒幾個人想真的住在裡面。相較之下，長相普通、個性木訥，但是有穩定經濟基礎的人更吃香，即使年齡大一點都無妨，反而就像二〇一五年的金州勇士一樣，用長遠踏實的建隊理念帶起小球革命，打爆像我這一種戰術已經不合時宜的弱隊，逐漸雄踞男女交往的季後賽席次。

當然戀愛只是人生當中的一小部分，如果真的有心追逐人生目標，也不會因為不甘落入單身狗而放棄夢想。但是當時真正讓我覺得失落的，是自己似乎再也無法高談闊論自己追逐夢想的衝勁。因為頭兩年講的時候，你可以感覺對方眼中閃爍著佩服的光芒，到了第三年，還能在人家眼中看到祝福的期待。但是第三年之後，我只看得到對方禮貌性地點點頭並補上一句：「很厲害很勇敢耶！」然後瀰漫一陣尷尬的空氣，我也不知道還能再多說什麼，因為說到底，就是在追夢而已，還沒追到之前，一切的過程盡是不值一提的空虛。

再加上初到美國時，只有我一個人，好像自己是一個獨自挺進最難走的道路的勇者，即使辛苦，但是總有一股酷帥感。過不了多久，逐漸有同學也來美國念書，大家在異鄉彼此加油打氣，減輕不少奮鬥的壓力。但是幾年過去，同學的學位已經到手，準備開始求職還是踏入婚姻等下一步的規劃，我卻還是一個人悶著頭繼續在無盡的道路前進，好像遲遲找不到自己的下一步在哪裡。這種比較的感覺，在我的腦中形成一座巨大的時鐘，秒針無時無刻發出滴答滴答的聲音，告訴我時間快用完了。

為了離世界影視產業的中心——好萊塢近一點，我在紐約待了五年之後，選擇搬去洛杉磯住了一年半，期望能給自己的逐夢之旅帶來一次（或許是最後一次）正向翻轉。雖然比起紐約，洛杉磯不但氣候宜人，而且每年在這裡拍攝的影視作品比紐約多了好幾倍。但天使之城占地廣大，無論到哪裡都要半個小時以上的車程，光是買個菜加上塞車時間，大概都要耗掉好幾個小時，一個人在無邊的城市移動，格外令人感到寂寞。以往在紐約，隨時找朋友喝咖啡聊天的日常小確幸，在洛杉磯都變成得排進行事曆的大事。而且隨便走進一家好萊塢的咖啡廳，裡面永遠都坐滿了寫劇本的人、寫歌詞的人、演員跟模特兒，從服務生到顧客，全部都在娛樂產業裡打轉。當周圍所有的人都是為了相同的目標時奮鬥時，並不會產生大家一起攜手努力的革命情誼，反而帶來一股時時刻刻都在競爭廝殺的無形壓力，想要過著一般人的生活，隨心所欲地交朋友，已經成了天方夜譚。環顧四週，只有孤獨才是我最好的朋友。所以對我而言，風光明媚而且人人稱羨的加州陽光，雖然看起來明亮溫暖，但是照在身上時，卻是透入骨髓的冰冷跟沮喪。

曾經有一位同樣旅美的表演老師跟我說，每一個打算要留在美國打拚，但是最後決定要回家的人，絕對都會撞上一個覺醒時刻，讓他（她）打從心底感嘆：「我的天啊！這到底是什麼樣的悲慘生活？我要回家了！」而我的這一個時刻，是某一天早上，和煦的陽光灑進窗戶把我曬醒，起床吃完早餐後，我在書桌前玩著當初還健在的MSN，然後跟爸媽用Skype聊天，接著跟所有在台灣還沒睡覺的朋友瞎扯閒聊。然後吃中餐，下午開始看YouTube影片，網路上四處亂逛，看著金色的陽光在我眼前慢慢變成泛黃的夕陽，最後並消失在天際，夜晚籠罩大地，我吃了晚餐，一天就結

在洛杉磯參與喜劇短景（Sketch Comedy）的演出，從想腳本到排演一手包辦，在後來的職涯很有用。

束了。那一天的過程，我現在光用寫的都覺得低潮起來。極度空虛的日常，成為擊潰我的絕殺三分球，原本有望晉級季後賽的球隊，被迫面對重建的現實。在那之後，二十八歲的我，決定對夢想設下停損點，帶著自己青春最後的小尾巴，回台灣重新來過。

我的赴美追夢之旅終於落幕，這是一個徹頭徹尾的失敗嗎？我倒不這麼認為，如果地球是平的，當你走得太遠，很可能會掉到萬丈深淵當中，或是一時不察走錯路，很可能會一頭撞在牆壁上。正因為地球是圓的，只要一直走、一直走，勢必會回到一開始出發的地方。也正因為地球是圓的，不會有所謂的碰壁，更沒有所謂的限制，只要你繼續走，不管你想要向左轉也行，想要向右轉也好，一定都會有地方可以去，一定會看到不同的美麗風景，讓人生變得更豐潤圓滿。就好像我在美國的那幾年，雖然沒有達成我原本設下的目標，甚至離夢想還非常遠，卻讓我的人生充滿好多好多的故事。對我來說，路不是只有一條，方向更不是只有一個，國外的經驗成為一生珍貴的養分，當然我也面臨過意志消沉，覺得自己一無是處的低潮，不過，在與自己的內心和解後，深呼吸轉個彎，換個方向走，接下來的路一定會更寬廣，一路上還有更多我未曾見識的精彩。最後會不會帶我到心中最想去的地方，我不知道，但是我會一直走下去。

不懂的事情，
才有努力的價值

Part.2

第二部：

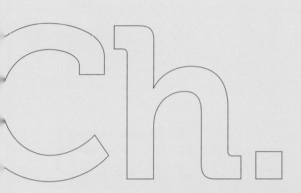

Ch. 9

Re-invent重新打造

美國職籃NBA一直是我最喜歡的運動賽事，身為一個從九零年代開始看球的球迷，籃球之神麥可・喬丹（Michael Jordan）是我唯一的籃球英雄。每次收看芝加哥公牛的比賽，只要看到二十三號在場上奔馳，就算當下處於落後的劣勢，我都覺得公牛有希望拿下比賽。因為不管差距幾分、時間剩多久，喬丹肯定會在第四節一球一球追回來，最後以凡人無法擋的絕殺球逆轉奪勝。即使喬丹的表現不如預期，公牛不幸敗北，也完全無損我對他的崇拜，因為在球季結束的時候，公牛仍然會站上頒獎台，領走歐布萊恩冠軍杯，而喬丹則會毫無懸念地拿下總冠軍賽MVP。

不過在一九九五年的季後賽，喬丹的狀況卻跟以往不太一樣。當時他剛剛結束棒球生涯，以短短的一句「I'm back.」向世界宣告籃球之神結束退休生活，再次投入NBA賽場。即使告別籃球場一年，只要他站上球場，依然是萬眾矚目的焦點。經過前三場重拾球感，到了第四場對上亞特蘭大老鷹隊的比賽，喬丹就投出絕殺外線，以世人熟悉的方式拿下勝利。接下來的第五場球，更在宿敵紐約尼克隊的主場麥迪遜廣場花園（Madison Square Garden）豪奪五十五分，以關鍵助攻帶隊贏球。喬丹的復出之路看來一片風光，不過，當時連還在唸國中的我都感覺得出來，這個時候的喬丹，跟過往睥睨群雄的喬丹有所差距，似乎少了以前那一股單槍匹馬翻轉勝負的霸氣，至於到底差在哪裡？我說不出一個所以然。最後公牛隊在季後賽第二輪，被如日中天又青春無敵的奧蘭多魔術以四比二淘汰，為賽季劃下嘆息的句點。當時喬丹走下場時滿臉失落的表情，深深烙印在我這一位中二喬粉（我真的剛好國中二年級）的心裡。我怎麼想也想不通，為什麼喬神沒辦法跟以前一樣隻手遮天，難道只是因為身手生鏽嗎？當然遠離籃球導致球感生疏是最大原因，二〇二〇年的公牛王朝紀錄片《最後一舞》（Last Dance）當中，給出一個更清楚的解釋。

當年一心追逐棒球夢的喬丹，其實花了相當多的時間，將接受多年籃球訓練的身體，重新打造（reinvent）成更像棒球員的體格，因此他增加體重，強化上肢力量，期望能用最短的時間，跟上職業棒球員的水準。而當他決定重返NBA賽場時，雖然迅速減去過多的體重，增加敏捷性，卻難以在短時間之內找回一名籃球員所需要的爆發力。簡單的說，他以一名棒球員的體態來打全世界最高水準的籃球比賽，想當然爾，是沒有任何機會能夠擊敗正值當打之年的俠客（Shaquille O'Neal）跟一分錢（Penny Hardaway）連線。此一說法，總算解決一位二十多年前的中二喬粉的疑惑。

不過對於身處四十歲的我而言，可就不是什麼無法靠自己想通的大道理，因為喬神在

當時一回台灣就成功接到幾支廣告的拍攝，我都誤以為自己是新世代金城武了。

一九九五年所碰到的困難，跟我在二〇〇九年所碰到的困難，其實相去不遠。

結束將近七年的旅美生涯之後，我總算回到了故鄉。只是我清楚記得回國以後最深刻的感覺，不是近鄉情怯，也不是因為回鄉而落淚，而是又濕又熱的天氣帶來滿滿的不舒爽。因為去了美國之後，每次回家都是在耶誕假期，或者是農曆年期間，代表我已經有七年的時間沒有體驗過寶島的夏天，所以一不小心變成了那種長期旅居國外，一落地老是抱怨台灣天氣不如美國舒爽的討厭鬼。但至少天氣還可以預期，多待兩三個禮拜，熟悉的感覺都回來了，而我始終不能適應的，是台美演藝圈的文化差異。

返台不久後，父母親的朋友幫我牽線到一家電視台，敲定與總經理見面會談，有可能爭取到戲劇演出的機會。爸媽的朋友還特別提醒我，這一位總經理最不喜歡別人穿牛仔褲，我牢記於心，甚至想著：「不要牛仔褲？那是要穿得稍微正式的意思吧！」以前在美國試鏡的時候，偶爾也會因為角色的設定，而有不一樣的服裝要求，對我來說可是再正常不過。所以面試當天，我自信滿滿地挑了襯衫搭配卡其褲，正經中略帶悠閒，莊重裡不失輕鬆，一身商務休閒風格踏入電視台，頂著曾經在紐約和好萊塢打拚過的高學歷光環，打算認真地跟總經理聊一聊，讓總經理留下不可磨滅的好印象。

然而代誌絕對不是親像憨人所想的那樣，我一抵達電視台，馬上發現兩件事情；第一，來和總經理面談的可不只我一個，現場人潮洶湧，熱鬧得好比辦年貨的迪化街！第二，雖然沒有一個人穿牛仔褲，但是個個都走日系花美男或是韓風偶像路線，顏值程度之高，讓我一度懷疑誤闖偶像團體徵選後台，相較之下，謹守美系正經風的我，穿得像是所有人的叔叔，不知情的人，還以為我是帶藝人來面試的經紀人。

這還不打緊，接下來總經理要每個人上前介紹自己，開頭的第一句幾乎都是：「總經理你好，我是XXX，今年二十歲……」、「總經理你好，我是XXX，今年二十二歲……」，我才赫然發現，逼近二十九歲的我，還真的可以當他們的叔叔。不過，豐富的個人履歷可就是我的強項了，面談過程中，我費盡心力闡述過去幾年在美國影視圈的所作所為，列舉參與的演出，以及終於轟動全場的脫口秀等。不過我愈是用力說服，愈能明顯地感受總經理與其他高層有聽沒有懂，反而像是文組生聽了極其複雜的科學理論一樣，露出前NBA球員尼克·楊（Nick Young）知名的黑人問號表情，即使想禮貌性地回話，也不知道要回什麼，末了他們只能尷尬不失禮貌地說：「好，謝謝你，下一位。」最後，別說是演出機會了，我在這一場宛如電視台高峰會的會談當中，只收到了三種評語：「你看起來像是一個ABC（蛤？）。」、「你講話好像有一個ABC腔（不會吧？）。」以及「你走路有一種好像在國外長大的感覺（這也看得出來？）。」

和電視台總經理會面的經驗雖然有一些荒誕，我終究還是跌跌撞撞進了演藝圈，然而只是一連串挫折的開端而已。

過去為了在世界影視的中心揚名立萬，我全心全意融入美國社會，花了很多的時間重新打造自己。因為要在美國當演員，英語要好只是基本中的基本，更重要的是說話得像當地人，除了口音的矯正，談話內容有辦法跟當地人連結才是王道，所以深入了解美國的文化就很重要。當年我從自己的興趣出發，看了無數的電視劇、新聞、球賽、舞台劇和演唱會等，為的正是摸清楚美國人平常聊天到底聊什麼，經過七年努力下來，我有兩個很大的收穫，一個是英文講得棒棒噠，另外一個就是能和外國人天南地北地聊天。但是這兩個能力，在我勇闖台灣演藝圈的時候，反而讓我格格不入。不管是說話、待人接物，甚至是走路，都像是一個迫降地球的外星人，別人一望便知我不是同一族。簡單的說，長期為了美國演藝圈打造的身體，反而跟不上台灣的節奏。

我的演藝之路起步還算平順，很快地接拍了幾支廣告，接下來簽了經紀人，開始接拍戲劇，工作理應愈來愈穩定，卻是新挑戰的開始。面對長時間待在一起的劇組，我似乎遲遲找不到快速融入的方法；在工作上，到底戲要怎麼演？要怎麼詮釋角色才符合導演的需求？到底要怎麼樣才能在三秒鐘之內掉淚？弄得我一頭霧水。職場的人際關係一樣錯綜複雜；在劇組裡面，誰要叫哥？誰是大姐？誰是一定要讓位子給他（她）坐的？誰又是千萬不可以開玩笑的，我真的完全摸不著頭緒。每回我跟經紀人談到自已的職場觀察與想法，往往只會換來經紀人嘆一口氣說：「宏宜，你是新人，都是靠我的人脈才有戲演，意見不要這麼多。」即使頂著曾經勇闖好萊塢的光環，回台灣沒多久，全部像聖鬥士的小宇宙一樣燃燒殆盡。

雖然戲劇路走得顛簸，我還是沒忘懷當年在美國投入許多心血的脫口秀，當初為了用英文寫段子絞盡腦汁，現在回到故鄉，用母語表演脫口秀，一定很容易打出一片天吧？如果能夠演戲和脫口秀雙棲，要紅還不快嗎？所以在演戲的空檔，我常常帶著空白的筆記本到家裡附近的咖啡廳，試著寫下幾個笑話。可是在國外待久了，語法、笑點和思考模式全部都是英語世界的邏輯，一旦切換成從小說到大的華語，反而異常彆扭。所以我常常拎個空白的筆記本出門，最後再帶著空白的筆記本回家吃晚餐，搞到後來，每次進門的時候，爸爸都會直接問我：「怎麼樣？拔掉幾根頭毛啦（意指絞盡腦汁）？」我只能擠出尷尬的微笑說：「不知道，還好吧……對啊。」用自己也不知道在回答什麼的搪塞之語結束這一回合。好不容易勉強地寫出了五分鐘的笑話素材，到了年輕人很愛去的喜劇俱樂部表演，卻只有一片靜默歡迎我，我這才發現自己被在地的觀眾拋在光年之外，對台灣年輕人在意的議題或者是流行文化根本搭不上話，反而像是長年旅居國外的長輩，拿著麥克風講著過時又沒人知道文化背景的笑話，七年的努力，好像全部送進資源回收場，剩餘的價值連安慰自己都很困難。

在一九九五年季後賽的失敗之後，喬丹花了一整個休賽季重新打造自己的身體，加重下肢力量和高強度跑動的訓練，找回籃球員該有的爆發力，隔年再次登頂，拿下二次三連霸的首冠，眾人驚嘆：「籃球之神歸位了！」真正震撼我的是，喬丹將絕招「後仰跳投」琢磨得出神入化。他之所以會這麼做，有很大的原因是三十二歲正是體能逐漸走下坡的開始，年輕時電光石火的切入和吊鋼絲般的高空作戰太耗體力，他需要一個穩定而且省力的得分技巧，好讓他能夠在幾近兩年的籃球空白之後，再次統治整個聯盟。於是乎，面對敵隊更快、更奔放的打法，喬丹用自己的節奏強迫對手慢下來；體能卓絕的年輕防守者如過江之鯽，卻沒有人能真正擋下喬丹輕鬆寫意的後仰跳投。原本大家眼中重重限制與困難，卻是他改變進化的機會。喬丹不但重新鍛鍊自己的身體，更進一步重新打造籃球運動（reinvent the game）。回想生涯末期的三十二歲喬丹所做出的改變，讓當年二十八歲遭受演藝圈重重打擊的我，看到了一絲絲逆轉的曙光，我開始重新思考自己新的可能性，從看似發不出光芒的強項中，試著打磨出新的鋒芒。

Ch.10

Yes Man

知名喜劇演員金凱瑞有一部電影《沒問題先生》（Yes Man），內容描述由金凱瑞所主演的主角，因為受到心靈講師的開示，從一個凡事找藉口，面對任何改變總是say no的魯蛇，開始對所有的事情say yes，因此為人生迎來許多正面能量，雖然過程當中幾經挑戰，但是最終還是抱得美人歸。

這部電影在金凱瑞的所有電影當中，或許排不上前五賣座或者是前十爆笑。但是對於致力於表演卻在演藝圈屢屢碰壁的我，卻是最有啟發性的一部電影。在美國的七年當中，除了表演相關的事情，我幾乎一點興趣都沒有。別的不說，住在紐約的時候，我連波士頓都沒去過，搬到洛杉磯以後，從沒想過要去舊金山走一走。我彷彿是表演苦行僧，只要跟工作無關的事全屬違反戒律。如此嚴格地要求自己，卻在台灣演藝圈卡關，當我發現路越走越窄的時候，我知道必須更常向不同的可能 say yes 才行，畢竟死守著一成不變的原則，就好像喬丹到了三十二歲，還想整場只靠著切入爆扣碾壓對手一樣不切實際。雖然他在生涯後期將自己轉型成後仰跳投型的選手是再合理不過的選擇，但是對於卡在人生低潮的我來說，實在不知道我的「後仰跳投」在哪裡？

不管是在哪個國家，當一個沒有舞台的表演者，都是很痛苦的。就算自認有一身的好武功，但是沒有耍刀弄槍的機會，每天只能苦苦等待，等著經紀人的電話出現在手機上。有些人多才多藝，身分多元，到處都能斜槓。但是我把一切押在表演上，除此之外，我什麼都不會，旅美的七年彷彿坐了七年的牢，回台後猶如更生人一樣，找不到重新融入社會的方法，俗話說：「三百六十行，行行出狀元。」對我而言，更像是行行都不會。於是我不斷提醒自己，多嘗試、多探索，不管是寫故事，或者是寫短劇，以往沒想過的路線，我都願意走一走，看看能不能試出一條路。我也花了很多時間散步和找朋友聊天，期望在放鬆心情之下，激盪出不一樣的火花。看起來好像沒有實際的進展，直到某天和我朋友Lulu坐在路邊閒聊時，他突然問我：「你常說表演是你最想做的事，但是你考慮過其他的工作嗎？」

這個突如其來的問題讓我摸不著頭緒，我問他：「什麼意思？」

「就是你認為自己一定要當演員嗎？還是可以做其他類似的工作？」

我更困惑了，接著問：「演員就演員，還有什麼類似演員的工作嗎？」

「不知道耶！如果是主播呢？你可以接受嗎？」

這一個選項可從來沒出現過在生涯規劃中，我用力想了兩秒，想像著自己當主播的畫面，似乎沒有太大的違和感。於是點點頭說：「主播？我覺得可以耶，我這麼帥。」

除了要上相，我對主播一無所知，到底要怎麼樣擠入相關產業，我什麼概念也沒有，難道必須是相關科系出身才行嗎？那我已經來不及了。還是要從電視台實習生開始做起？我已經快三十歲了，要去演《高年級實習生》嗎？不管是哪一種方式，似乎都為時已晚，但是心裡卻一直有一種特別的感覺，覺得這一條路很適合我。

如果人生當中有所謂的命中註定，正是出現在這一個時刻，在我與Lulu的關鍵閒談的一個月後，我到延平北路探望阿嬤時，碰到了我叔叔，他一看到我就說：「電視上說ESPN在找主播，你怎麼不去試看看？」

「蛤？」

「你不是有看大聯盟嗎？早上球賽轉播的時候，螢幕旁邊跑馬燈有寫啊，說什麼要中英文流利，你不是美國待這麼久，又很會演嗎？就去演看看啊！」

至今我仍不能確定叔叔叫我去「演」一個主播到底是不是玩笑？可是直覺告訴我，這一個任務要趕快衝一波，所以我回家之後，立刻上網查詢，發現ESPN真的貼出海選新主播的公告，三項主要的條件分別是熱愛體育、中英文流利以及能面對壓力。真的不是我在自誇，起碼有兩項我可以輕鬆過關，眼看報名時間即將截止，我手起刀落地生出一份簡易的履歷表跟自我介紹影片，親自帶著整個牛皮紙袋送到ESPN辦公室。送件的當下我在心中反覆祝禱：「這是我的最後一擊了，拜託老天點點頭吧！」

毫無音訊的幾個禮拜過去了，突然有一天我收到筆試的通知，當下第一個想法是：「什麼？體育還有筆試啊？」由此可知我對業界有多陌生。考試當天，我發現競爭對手近百位，放眼望去，好幾個渾身散發自信的光輝，光看臉就知道可以輕鬆背出李居明在職棒三年的打擊率。不過我老神在在地想著：「啊不就體育而已，會有多難？」

沒想到考卷發下來之後，第一個題目就給我一記左鉤拳：「請將棒球場上的守備位置從一排到九。」從小看棒球看到大，我完全不知道棒球守備位置有號碼，聽著滿場的競爭者個個振筆疾書的聲音，只剩我腦袋空空地楞在那邊，只好用猜的塞滿一到九號的空格（最後我錯了一半以上）。

考驗還沒完，下一題，ＳＢＬ當季冠軍是誰？我不太有信心地寫上台啤（結果是裕隆）。再來，女子高爾夫四大賽是哪四個？我有把握了，英國、美國、澳洲和法國（那是網球四大滿貫）。猜完問答題，我的信心已被摧殘殆盡，正覺得萬念俱灰之際，申論題的題目跳了出來：「你最難忘的一場比賽。」啊哈！這一題我太會了！就像在大海當中抓到浮木一般，我壓抑激動的心情，把在紐約跑龍套時，一邊拍戲，一邊看國聯冠軍賽大都會和紅雀的第七戰生死對決的經歷化為文字，我寫了看到恩迪・查維茲那記「The Catch」時的振奮，還提到輸球後在回家路上與路人互相打氣的感動，洋洋灑灑寫了近兩張的Ａ４紙，完成後我將試卷遞給工作人員，心裡又默念著：「這是我用生命寫的故事，please say yes。」

連基本的體育常識都要猜個半天，原本我以為完全搞砸了，沒想到兩週後，我卻收到了面試的通知，可見申論題寫得太有畫面感、太賺人熱淚，也因此我開始對自己雀屏中選的機率，多了一丁點的信心，畢竟連最弱的運動知識都能夠驚險過關的話，接下來的挑戰應該是會相對容易啊！

面試那一天，我西裝筆挺地到了ESPN，現場坐著三位主考官，其中一位是新加坡總部的代表，只會講英文，另外兩位則是台灣辦公室的主管。他們提出一個我預料中的問題：「為什麼想要從演員改當體育主播？」我懷著高度的自信侃侃而談，多次表示我絕對會是最佳人選。雖然對談的過程中，我可以感覺到主考官認為我有點太臭屁了，但是，我還是不斷地強調我有多適合這一份工作，因為在筆試過關之後，我深信自己和主播台之間是一片坦途。正當我自在地以雙語和三位主考官相談甚歡時，新加坡主考官冷不防問了一句：「Do you know how to edit?（你知道怎麼剪影片嗎？）」

其實我完全不會，但是距離錄取只差一步，說什麼都不能輕易舉白旗投降！為了延續給主考官的良好印象，我強作鎮定地回答：「Yeah.」

然後他繼續問：「What do you edit with?（那你用什麼軟體剪輯？）」這句話我沒聽懂，誤以為他問我剪好的檔案存在什麼載具上，所以略帶顫抖地多問了一句：「You mean like on a DVD?（你指的載具是像光碟ＤＶＤ嗎？）」

講到這邊，很多人都覺得我搞砸了，當下話一出口我也後悔了，畢竟剛剛還拍胸脯說自己是最威最全能的即戰力新秀，竟然被問出某一項基本能力揹龜，糗得好像跟超跑業務說要訂車，付錢的時候卻被發現帳戶只有幾千塊。我彷彿看到自己坐在主播台的畫面從彩色變黑白，愈縮愈小，直到消失。就在我支支吾吾地快要演不下去的時候，新加坡主考官又問了一句：「I mean what software do you edit with? FCP?（我是指你都用什麼軟體剪接？ＦＣＰ嗎？）」

雖然我對剪接或者電腦一竅不通，但是電光石火之間，我腦中閃過以前在美國拍電影的時候，有一些學生導演就是用ＦＣＰ（Final Cut Pro）在剪輯。已經站在懸崖邊的我，總算聽到一個自己知道的關鍵字，這一條救命繩說什麼也要用吃奶的力氣抓緊，於是我用高八度的聲音回答說：「Yes! FCP, I use FCP all the time!（當然，我可是FCP的愛用者！）」這句話完全是謊話，要是他們要我現場實際操作，肯定掛點。但是大家很快地聊開了，沒有任何人發現剛剛瞬間的尷尬，於是我又一次衝過驚濤駭浪，順利過關。

很多人一定會想：「這樣唬爛你也敢，不怕真的考進去之後被發現啊？」老實說，我一心只想要拿到這一份工作，所以願意冒該冒的險，如果真的考上了，我會在報到之前學好FCP。最棒的是，從我當上體育主播到現在，一次FCP都沒用過，所以我當初賭對了，科科。

很多朋友問我，當初徵選時我的年齡偏高，而且沒有任何體壇背景，為什麼能從一群競爭者當中脫穎而出，其實就靠兩個字——「表演」。就是我大學努力了四年，

ESPN初登板，我以為自己站上了世界的頂端，然後現在看自己打領帶有點奇怪。

加上美國的七年，甚至讓我一度懷疑自己浪費人生的「表演」。雖然面試表現還不差，但是不足以讓我得到太突出的分數，直到最後一關的試播，當我坐上主播台，在鏡頭前播報新聞，並訪問受訪者的那一刻，才真正的讓主考官看到我深藏不露的本事，優秀的程度不但凌駕其他競爭者，甚至強大到他們不選我都不行。當時ESPN新聞部資深製作人戴夫．羅伯茲（Dave Roberts）

更以「他根本是生在主播台上」來形容我。原因無他，當時進到決選的競爭者每一位都是狠角色，但是所有人當中，我是唯一一個花了十一年鑽研如何讓鏡頭前的舉手投足自然如呼吸的人。所以，即使筆試跌跌撞撞，我靠面試扳回一城，最後輪到試播，等於回到了我家一樣。

影劇新聞常常報導某個影帝或是影后，在成名之前，為了維持生計，做了各式各樣的工作，看起來跟表演毫不相關，卻幫助他（她）從中看見人生百態，堆疊豐厚的經驗之後，才有辦法扮演好得獎的角色。但是我恰恰相反，先作為一個演員，演了一卡車有的沒的角色，最後我才得以拿下一個有意義的工作。無論你覺得自己是哪一種，人生的路不會白走，沒有一個際遇會是不好的機會。只要是你真心想做的事、想追的夢想，勇敢地 say yes，就算當下沒追到，都有可能在關鍵時刻，成為無可取代的重要養分，開出獨一無二的璀璨花朵。

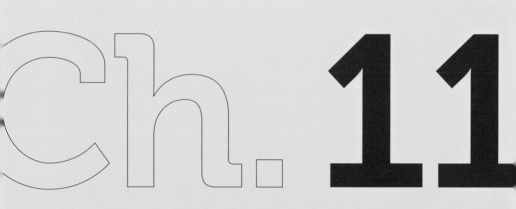

Ch. 11

當自己的追夢綠

雖然如今我以「大安區Stephen Curry」而聞名，大家一定以為咖哩小弟史蒂芬·柯瑞是我最喜歡的現役球員，非也非也，我的心頭好是柯瑞那一位嘴巴停不下來的隊友「追夢綠」德雷蒙·格林（Draymond Green）。

根據我幾次演講時的實驗，每當我提到自己最喜歡追夢綠的時候，現場會有八成的機率響起噓聲或是不滿的鼓噪聲。對於大家激動的反應，我一點也不意外，畢竟說到追夢綠給人的印象，要嘛就是整天跟各路球星隔空開嗆，再不然就是比賽時有意無意地踹中對手的重要部位，在王者之師金州勇士隊陣中是一位爭議頗大的球員。不過就算如此，我還是要再次捍衛我的選擇，只因追夢綠正是現代NBA籃球當中最重要的核心球員。

追夢綠的身高不夠高，單打能力不夠強，籃板跟一對一防守能力不算是頂尖，放在十年前的NBA，他可能要從板凳出發，爭取上場機會。但是在現代的NBA當中，由於小球戰術當道，場上一到五號位置的分別越來越模糊，內線球員不能只具備搶籃板、敲火鍋和禁區攻擊的本領，攻擊射程愈來愈廣，甚至必要時還得組織全隊的進攻。因此追夢綠能搶籃板、帶球快攻、快速補防，偶爾還能在外線抽冷箭的全才球風，剛剛好搭配攻擊火力無限的浪花兄弟史蒂芬・柯瑞和克雷・湯普森（Klay Thompson），組成金州勇士隊攻城掠地的最佳公式。

誠如皇上勒布朗・詹姆斯的龍評價，或許追夢綠不是聯盟中最棒的球員（the BEST player in the league），但是，他絕對是把自己的角色扮演到最好的球員（Doing what he does better than anybody else）。簡單的說，各項的能力拆開來看，追夢綠讓別人嫌的機會比較大，如果把他能做的事情綜合起來，加上他的自信以及苦練，只要放進一個對的年代和恰當的體系，他絕對是最能發光發熱的那個人。所以，現在很多的NBA總管在評估四號位（大前鋒）的新秀時，往往不是瞄準下一個硬派大前鋒卡爾・馬龍，而是尋找下一個追夢綠。

當然，我不認為追夢綠一進聯盟就意識到知道自己的球風非常適合現代的NBA，而是他有一顆相當炙熱的求勝心，在訓練時總是相信自己能夠邁向頂尖，只要一上場就是拚盡全力，為了贏球不顧別人眼光，努力打出別無分號的全能風格，在天時地利人和的交叉配合之下，奠定屬於他自己的傳奇。因為這種相信自己、無畏他人的信念，正如我當初成為體育主播時的心境，所以在現代一干NBA球星當中，我特別欣賞他。

有別於追夢綠在第二輪第三十五順位才被金州勇士選中，我可是經過層層關卡，擊敗上百位應試者，才成為當時ESPN要找的那一人，嚴格說起來，稱我選秀狀元也不為過，但是，我畢竟是一個沒有體育背景，也非傳播科系出身的人，即使身懷豐富的戲劇經驗，卻不被主流社會當成一回事，當然更沒什麼早就認識的哥字輩還是姐字輩的前輩處處罩著我。可說是從入行的那一天起，重重挑戰擺在眼前，三不五時還有各式各樣的批評飄入耳中，有人指出我沒經驗，有人嫌我咬字怪怪的，還有人跟我說：「你不要以為只要靠長得帥就好了！（我發誓真的有人這樣說）」障礙多到我一度連第一步都差點踏不出去。

不管這些人對我的指教有沒有道理，當時我在新聞與體育的專業知識真的是不及格，只有一點點模糊的概念，舉例來說，網球比賽當中的「Ace」代表發球連接發球者的球拍都不能碰到，可是我完全不懂；我也不知道足球比賽中的越位陷阱是怎麼回事；更不瞭解棒球比賽中球迷琅琅上口的「四傳六傳三的double play」是什麼？這一類我不懂的體育常識族繁不及備載，直到當了這麼多年的主播，也只是進步到稍微不模糊一點。

不過，我始終認為，既然自己被選進來了，一定有存在主播台上的特殊價值。而且我這個人有一個好處，就是無論任何事情，我都很喜歡把自己當成主角，可能也是長期當演員的習慣，所以當我開始要在陌生的體育新聞界耕耘時，我深知如果要跟人家比新聞專業，在比賽開始之前就已經輸了一大截。與其在不熟悉的領域打仗，倒不如把比賽拉回主場，用自己擅長的方式做新聞，什麼情節都用自己毫無理性超不中立的角度切入，簡單來說，就是充滿了自己、自己、自己，在工作中加入快要滿出來的個人風格。

比方說，若遇到我佩服的球員，我毫不掩飾地把他捧上天。一播到皇上勒布朗・詹姆斯的新聞，則是凡事加個龍字，例如：皇上的「龍爆扣」，或是追夢綠誤觸皇上的「龍柱」等等。如果球員是當紅炸子雞，我會故意扮演無腦小粉絲來裝熟，順便增添一點樂趣。例如每逢林書豪的新聞，就一定要形容他身上流著台灣人的血液，頻繁到我爸常問我：「人家林書豪明明是美國人，你這樣吃他豆腐，確定林書豪不介意嗎？」或者是某某球星和我只見過一次面，自動升級成對方和我也有一點交情。這種極度充滿自我意識的播報，很快地就讓我建立獨特的風格。我之所以選擇這麼做，還有一個原因，現在是一個資訊爆炸的年代，手機拿起來滑一滑，五分鐘前世界體壇發生了什麼事情盡收眼底，觀眾不需要我正經八百地告訴他們球賽的輸贏，所以我選擇以幽默風趣的方式，扮演一個陪伴他們複習本日大事的人。在十年前的新聞界，大概不會有我這種人立足的機會，但是在凡事求快、求有哏、有趣先決的時代，我剛剛好成了體育主播圈的追夢綠，用充滿個人風格的方式打下自己的一席之地。

就算是皇上勒布朗・詹姆斯這位在二〇〇三年NBA選秀會上不世出的天才，也經過三個球季的磨練，才真正展現領袖氣質帶隊打進季後賽。雖然我入行時自詡為超級新人，也多次在新聞編寫上展現無限創意，但是畢竟是在一個能事先準備的環境下所呈現出來的作品，而在鏡頭面前的工作要求，主要是自然通順地唸出讀稿機上的文字，雖然都是一門學問，不過挑戰性不大，對我來說，有一點像是要一名交響樂手去演奏流行樂，做久了總覺得不夠有趣，缺少一個能真正展現自我風格與可能性的機會。

所幸，機會來得太快就像龍捲風，入行兩年多後，某一天長官交辦了一個任務，要我擔任NBA談話性節目「籃球禁區」的主持人，並希望我跟製作人羅德在一個禮拜之內生出節目並且進行錄影。對當時沒有任何製作節目經驗的我們，可謂天大的挑戰。而我們兩個菜比巴的腦袋想來想去，還是只有前兩年那種新聞式的作法，把要講的話打進讀稿機，然後一切照讀稿機走就對了。這一個作法四平八穩，不過最大的

我跟曾文誠大哥不算有太大的交集，但每次見面他給我的溫暖，還有三不五時傳個訊息來說「Michael那個《星爺NBA》做得不錯」，才知道他一直有偷偷注意我們這些後輩。

問題是時間不夠用，當時我除了要做新節目之外，一樣要分擔原本世界體育中心的新聞編寫，要把兩邊都要講的話打進讀稿機裡，工程無比浩大，連在預定的時間中完成一半都不可能，除了埋頭苦幹之外，我實在想不出任何解決的方法。

「籃球禁區」第一集錄影前夕，我還窩在電腦前死命敲打鍵盤，這時第一集的來賓「魁哥」田鴻魁走過我的身

第一集的籃球禁區，不要看我一派輕鬆跟魁哥在合照，其實我東西根本沒做完，心裡緊張的要死。

邊，疑惑地問我說：「Michael，今天不是要錄影嗎？你還坐在電腦前幹嘛？」

我苦命地說：「我還在打今天要講的稿子，可是快打不完了……」魁哥沒有再說什麼，逕自走去化妝。等我們都梳化完畢坐在現場準備要開錄時，我還非常緊張地跟導播確認讀稿機裡面的的內容，手中還抓著一疊厚厚的小抄，因為我真的只完成一半，另一半的內容還在空中，我打算前半段好好念，後半段全靠人品爆發和老天賞臉了。

魁哥看我一副緊張兮兮的模樣，突然問我：「Michael，我們現在是要做節目，又不是要播新聞，你花那麼多時間弄讀稿機幹嘛？」

「可是不弄讀稿機，我怕等一下不知道要講什麼。」

魁哥又說：「NBA你不懂嗎？你不會聊天嗎？」接著霸氣地說：「導播，把讀稿機關掉，把他小抄給我收起來，我們就用聊天的方式來錄。Michael，你真的不知道要說什麼，我再Carry你。」

於是讀稿機真的被關掉了，小抄也真的被收起來了，我還沒回過神，導播馬上倒數開錄，喊著「五、四、三、二……」節目的片頭音樂響起，接著我看到自己出現在螢幕上，一點遲疑的機會都沒有，我反射地說：「歡迎收看籃球禁區，我是主持人陳宏宜，今天很開心邀請到魁哥田鴻魁來跟我一起聊聊ＮＢＡ動態……」說也奇妙，接下來整集節目，我和魁哥就像兩個在咖啡廳或者是熱炒店聊ＮＢＡ的朋友一樣，歡樂無比地完成錄影。我不知道魁哥到底Carry我多少，但是我知道當魁哥逼我把讀稿機關掉之後，也幫我把自己銬在身上的無形枷鎖給拆掉了。只要相信自己的直覺，在鏡頭前自然會展現出最棒的一面，就像追夢綠在球場上，時而防守、時而助攻，興之所至還帶球快攻，沒有太多的遲疑。隨後的第二集跟第三集錄影，我的自信慢慢增加，開始在主持的風格裡灌注更多的想法，覺得什麼有趣，我就講什麼，臨時想到新的效果，直接試試看，連原本相當四平八穩的開場，都被我改成：「歡迎收看籃～～～（彈舌）球禁區！今天非常榮幸邀請到魁哥一起來和我們『嘿嘿』笑談籃球！」個人風格跟節目迅速融合，再加上魁哥在內等多位ＮＢＡ專家的加持之下，「籃球禁區」的收視率節節高升，成為我第一個指標性的作品。

很多人都說，柯瑞可能是金州勇士的發動機，而追夢綠絕對是他們的心臟，因為當他看到他的隊友做錯事，需要被人大力提醒時，他絕對不會客氣。其實我並不是很喜歡被稱為一位體育主播，更從沒認為自己是記者或是媒體人，如果真的要為自己的職業下一個註解，我會說我是一個「說書人」，因為這樣子的角色比較不受限，更像是我在做的事情，也就是用自己的方式，告訴大家世界大小事，體育剛好是這些事情所發生的背景而已。不過就算我心裡一直這麼看待自己，當初如果沒有魁哥霸氣地推我那一把，讓我勇於做出不一樣的嘗試，我大概還在摸索最適合自己的樣貌是什麼。所以，如果你心裡也有一絲絲感覺，認為自己可以做得比現在更多的話，我祝福你跟我一樣，遇到一個像魁哥這樣可靠的前輩，適時扮演追夢綠推你一把，如果沒有的話，請你要當自己的追夢綠，推自己一把。

Ch.12

你的缺點可能就是你的優點

雖然我完全稱不上是一名動漫迷，但是從學生時代到現在，幾個大家耳熟能詳的日本動漫如《多啦A夢》（當年叫《小叮噹》）、《幽遊白書》或者是《灌籃高手》，都在我的生活當中佔有一定的比例，朋友間閒聊時總要來上幾句經典對白。如果要說近來讓我印象最深刻的動畫，絕對是《火影忍者》了（感謝Netflix讓我重溫經典）。但是近十多年出名的日本動漫如過江之鯽，為什麼《火影忍者》能特別吸引我的目光呢？全是因為故事的主角漩渦鳴人命運多舛的出身。

無父無母的鳴人從小體內封印著一隻差一點毀了村子的九尾妖狐，成長的過程中被村民刻意忽視排擠，但是鳴人還是靠著努力與堅持，一路從吊車尾的問題忍者，拚到獲得大家認可的英雄忍者。同時，他在戰鬥過程中常常不按牌理出牌，還被他的老師卡卡西稱為「意外性第一的忍者」。而他在大家眼中最大的「缺點」，也就是封印在體內的那一隻不定時炸彈九尾妖狐，更多次在鳴人氣力放盡或是遭遇生命危險時，帶給他極大的能量，在逆境當中使出大絕招擊倒強大的對手，保住自己的性命。也就是說，要不是體內有九尾妖狐這個巨大的「優點」，漩渦鳴人可能早就被敵人打爆，沒畫幾話就全劇終，不會有這麼多高潮迭起的劇情。所以，到底什麼是優點？什麼是缺點？兩者之間的界線十分微妙。即使是大家眼中的缺點，如果能帶來幫助的話，只要你好好運用，反而能夠成為你最大的優點。

在我成為體育主播之後，其實我有兩個明擺著的「劣勢」，第一個是缺乏新聞的專業訓練。身為一位戲劇系出身的演員，在校期間一心只想著要怎麼樣在舞台上發光發熱，新聞對我而言彷彿量子力學一樣陌生，更不能想像什麼叫做跑新聞。所以「你還有很多需要學」或者是「你跑的新聞還不夠」的枷鎖，從入行第一天就架在我身上，時時刻刻提醒我與同業的差距有多大。不過，正如漩渦鳴人不會讓別人的看法影響他成為火影的決心一樣，我也從來沒有讓外界批評打擊我要當一個好主播的念頭。雖然對於跑新聞一竅不通，在體壇的人脈更趨近於零，但是我實際跑過幾次新聞之後，馬上發現如果把「新聞」二字代換成「故事」，那我就完全知道是怎麼一回事了。因為不管如何稱呼新聞節目上所看到的東西，無論是快訊、專題、直播或是特別節目等等，就是把體育現場所發生的事情轉述給閱聽人知曉。既然提到「說故事」，戲劇系畢業的學生可不會比新聞系畢業生差到哪裡去，也許呈現的方式不同，但是大家都是用不同的角度說好一個故事。

當時還只是女朋友的太太來新加坡找我。雖然我一直說我對體育沒有太大的興趣，但其實真的要感謝體育主播這個職業，讓我這個宛如無頭蒼蠅在飛的人生，慢慢步上正軌。

正因為我不是傳播相關科系出身，也從來沒有受過任何形式的訓練，所以體育新聞在我心中反而沒有任何固定的模樣。只要語意通順，該提到的重要資訊沒有漏接，我可以在新聞當中加入大量的創意，沒有包袱，無所謂對或不對，只要有趣，能把故事說得觀眾捨不得轉台，要我用演的也可以。有時候我會為了一則球隊推出特製球衣的新聞，穿上球衣扮演一名憨腳的模特兒走秀；還曾經為了宣傳大型運動會的選手村伙食，而在新聞裡還原電影《食神》當中的評審薛家燕，嘗一口伙食立即大喊：「好好吃啊～～～～～！」（同時後製我在食物上面打滾）。在新聞愈來愈綜藝化的時代，放眼全台灣，我敢說沒有主播演得過台大戲劇系出身的我。同樣的一則新聞，我做的硬是別人做的不一樣，一定充滿了意外的驚喜，連師爺都解釋不了。如果漩渦鳴人是意外性第一的忍者，我就是意外性第一的記者。

而我的另外一個劣勢，正是年紀偏大。一般男性念完書之後當兵，退伍後也許出國唸書或直接投入職場，即使拿到碩士學位之後再工作，大概二十五歲左右就會正式出社會，三十多歲便累積了一定的資歷。我卻是把最精華的二十歲青春，都花在美國追逐當演員的夢想，等到二十八歲返台在演藝圈混個兩年，才不小心看到ESPN的徵選通知，好不容易當上主播，都已經邁向三十歲了。而雖然有句話說：「三十而立。」對我而言比較像是「三十而慄」。雖說三十歲開始有一份正式的工作應該是剛

當年跟奕傑兄還有恩沛兄一起在新加坡奮戰的Good Old Days，後來回台灣有女主播了，就不會有坐中間的機會了（笑）。

剛好，但在這個年紀才開始進入一個陌生的產業，過上固定打卡的人生，確實是讓我覺得像是好萊塢電影《高年級實習生》中的勞勃・狄尼洛，常常懷疑自己是不是太老太慢，早該被這個時代所淘汰。

比起學校一畢業就入行的二十多歲小

鮮肉，我犯錯的時間與空間被壓縮了相當多。不過，我很快地就發現，雖然身為不懂新聞的老屁股，跟3C產品常常犯沖（我常常對電腦或手機按了沒有反應感到生氣），但是我喝過的思樂冰的確比他們喝過的星巴克還要多。對於工作上必須要學的東西，我不但沒有學得比較慢，而且我犯的錯還比他們少。而上班族難免碰到一些狗屁倒灶的人事物，我的忍受度更是他們的數倍以上，當年輕人暴跳如雷的時候，哥還能悠著喝茶。簡單的說，哥的人生歷練，才是這些年輕人想學都學不來的東西。

美國知名喜劇演員傑瑞．賽恩菲爾德（Jerry Seinfeld）曾說過：「我真搞不懂為什麼普拿疼要分強效跟非強效？何不跟我說多強的止痛藥吃了會死人，然後再給我稍微減輕一點的版本就好了呢？」不管是新聞播報，還是編寫新聞時想哏，我習慣先抓準做到什麼程度會被開除，再往回拉一點點，就能兼顧新聞效果和自身安全了。要天天走鋼索還能安然回家，靠的就是年紀大而磨練出來的人生歷練，讓我在工作中保持敏銳的嗅覺，既要知道故事的重點在哪裡，不致做太多而模糊了焦點，也不會一不小心誤觸讓人不舒服的議題，進而激起民怨，惹得觀眾向長官投訴。看我玩到現在，一樣活得好好的，還能寫書跟大家分享，除了要感謝公司長官的愛護與包容之外，就是靠我過人的敏銳度了。漩渦鳴人靠著九尾妖狐撐起主角威能，屢屢化險為夷，我的嗅覺正是我的九尾妖狐，總是在出包與不出包，被投訴與不被投訴的十字路口，拉我走向安全的那條路上，繼續把滿足留給自己，把歡樂帶給大家。

漩渦鳴人常常說：「堅持自己說過的話，就是我的忍道。」他在動畫中總是會死咬一種莫名的堅持，不分敵我展現不完全合理的信任，對目標更有一種幾近思考不周的決心，有時甚至讓我覺得固執到有點扯的地步，我好幾次在心裡碎念：「像你這一款缺點這麼多的人，怎麼會是故事的主角呢？」然後口嫌體正直地點開下一話。但仔細想一想，似乎也是這種打死不退的熱情，才讓他關關難過關關過，總是能在無路可退的生死關頭，打敗比他強好幾個檔次的敵人，最重要的，是能在一開始大多數人都不看好的狀況下，一步一步贏得認同感，並讓大家打從心底為他加油，所以這一種固執，才是他最大的優點。從我入行的第一天起，同樣被歸類在不屬於主流的「非典型」角色，但與其覺得自己樣樣不如人，倒不如打從心底接受現況，把缺點扭轉成自己最大的特色。沒有專業就找專長，沒有人想讓你當主角，那就用堅持和創意，把自己打造成無法忽視的那一顆星星。缺點與優點是銅板的兩面，反個面就能扭轉乾坤，只要堅持努力，支持和認同一定會來，因為堅持自己是最強最棒的，就是我的忍道。

Ch. 13

有時，我們只是一時忘記把熱情帶出門

雖然我到了三十歲才真正的踏入職場，而且當上跨國媒體集團的體育主播，在一般人眼中可說是拿到罩著光環的夢幻工作，理應好好把握上天賜給我的好機會才是，但是我在入行的第二年就曾遞過離職單，差一點離開主播台。

當時ESPN退出亞洲，由FOX接手，台灣團隊因此從新加坡移回台灣，改朝換代之際，參與其中的每個人或多或少

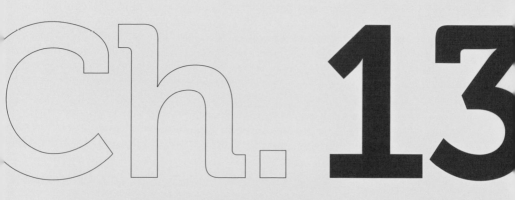

有些無法接受的無奈。對我而言，不管是重擬合約，還是自己將來在FOX的角色定位，都感受到許多的不尊重。等到FOX正式在台灣上線後，從公司的種種措施觀之，我似乎並沒有在未來的藍圖當中；因為我並非長官想重用的人，所以談合約的時候，上級以我的經驗比不上同事為由，開給我最低的價碼；排主播的時候，又稱我沒跑過新聞，所以應該多離開攝影棚磨練磨練；連後來《籃球禁區》總算做出了一點成績，收視率甚至常常壓過《世界體育中心》，上頭卻有不一樣的想法，馬上收起節目。種種不順遂和我當初設想的完全不一樣，心中萬念俱灰，大嘆歸去來兮，我決定遞出離職單，離開這一個好不容易找到的舞台。

當打算離職的消息傳開之後，好心的同事陸陸續續來勸我多想一想，絕大部分的說詞不外乎「哎呦！現在公司還很亂啦！再等一陣子吧！」或者是「現在工作不好找耶，你這邊不做要做什麼？」所有好朋友出於關心才好言相勸，我感激在心裡，但是鋼鐵已進入我的靈魂，離開的心意沒有一絲動搖。直到有一天，前輩「亞理哥」陳亞理走到了我位置前面，問我說：「Michael，聽說你要走啊？」

「是啊，公司的一些作法我沒辦法接受。」我據實以告。

他又問：「那你對體育的熱情怎麼辦？」突然之間，我說不出話了。

然後亞理哥說：「你再想想吧，我只是覺得你這兩年做得滿不錯的，放棄掉有點可惜。」說完轉身走掉了。留下我一人楞在座位上。

雖然現在我跟亞理哥算是熟得不得了，但是當時我們除了打招呼之外，幾乎沒有說過幾句話。這樣一個前輩願意花時間關心我，甚至看到我對工作的用心，其實我還滿感動的。亞理哥提醒了我，為什麼外頭有這麼多人千方百計想擠進體育產業？說穿了就是那一份熱情，雖然我知道自己的熱情不在體育上，但是絕對是在「舞台」上

我滿少數跟亞理哥的合照，我大膽猜測他不知道當時是他讓我想起「熱情」這兩個字。

面，如果真的走了，連展現自己的機會都沒有，豈不是很可惜？那是當時唯一打進我心坎裡的一段對話，所以後來我決定留下來。

這一份非關體育的熱情，真的讓我一路走到現在，而且打死不退。

英文有個單字叫「default」，中文的意思是「預設」。最常見的例子就是當你打開電腦的搜尋引擎時，它常常會問：「請問你要將ＸＸＸ設為首頁嗎？」這個ＸＸＸ就是default，你的預設，以後要在網路上搜尋什麼資料，除非特別改動，不然你會很習慣地透過ＸＸＸ完成大大小小的事。而我在體育主播這條路上，從沒有當過任何人的default。體育新聞界是一個非常重女輕男的領域，一來是因為看體育新聞的人大部份都是男生，二來是新聞採訪的對象多是運動員，同樣男多女少。秉持異性相吸原理，為了取悅這一群衣食父母，男主播常被視為沒有存在的必要，或者只要站在旁邊當人形立牌就好。因此，男主播天生吃虧，很難分到特別表現的機會，過去我曾經和當時的搭擋「卓卓」卓君澤一起擔任林書豪返台活動的主持人，現場媒體雲集，隔日有兩家媒體下了斗大的標題，寫著「林書豪返台」，搭配的照片卻硬生生把我切掉，只剩下林書豪跟卓卓兩個人，拜託，其中一家還是四大報之一……。從那天之後，我下定決心，就算這一行有正妹比較吃香的潛規則，只要我站在舞台上，我就絕對不會再被忽視。

此後，只要有鏡頭，我一定是盡全力地發揮自己的長處。因為我相當清楚，萬一稍微表現地太內斂，我就會被產業體制推到舞台的最邊邊，漸漸地淡出畫面。但是，我實在太熱愛站在舞台上的感覺了，所以死都不能把位置讓出去。在節目中能說笑話我就使出渾身解數，該展現熱血我就燃燒小宇宙，三不五時還會蹦出一些讀稿機上沒有的哏，好讓原本集中在身旁女主播的注意力，能再稍稍往我這邊轉一點。球場上有一句話說，當一名好球員要成為偉大的球員時，除了自己表現得好以外，能激發出隊友更好的表現才是關鍵。後來我發現，因為用盡心力地展現自己，我的熱情也感染了搭檔，所以她們的表現比平常更自然，更放得開。因此很多人問我，在我心中哪個搭檔最正？其實我只有兩個答案；一個是我當照鏡子，就會看到最正的那一個，另一個就是看誰站我旁邊，誰就是最漂亮的。

站到舞台上就拚命表演的熱情，在我人生最重要的一次出差時，幫了非常大的忙。

二〇一七年，我奉命前往邁阿密採訪美國職棒大聯盟明星賽。雖然對許多人來說，能到世界棒球的最高殿堂採訪，根本是美夢成真，即使不懂棒球，去看看熱鬧都是一個難得的經驗。但是當我接到任務時，第一時間卻很想拒絕，因為兒子才不到兩歲，要我拋家棄子到海的另一邊，留下太太一人照顧小孩，我實在不樂意。再者，我們只是一個小小的媒體，能動用的資源有限，真要在大聯盟明星賽跟全美國，甚至是全世界的媒體搶新聞，最後八成落個吃力不討好的下場（足見我對體育真的很沒熱情）。但是工作就是工作，不可能凡事都如自己所願，所以我還是心不甘情不願地轉了三班的飛機，歷經超過二十四小時的飛行，到了南灘邁阿密採訪二〇一七年的大聯盟明星賽。

到了活動地點馬林魚球場之後，只見萬頭鑽動，不管是媒體還是球迷，人真的爆炸多。我心裡的第一個反應便是，接下來要訪問名滿全球的大聯盟球星，如果英文不夠好、膽子不夠大、臉皮又不夠厚的話，馬上就會淹沒在現場的媒體洪流中。而面對這麼強大的挑戰，我的策略是不變應萬變，想像自己身處在台灣的攝影棚裡，把整個馬林魚球場當成自己的主場用力玩就是了。所以我拿著ＦＯＸ體育台的麥克風，和攝影師自由穿梭，逢人就大聲地說：「我們是FOX Sports TAIWAN！（其實我根本不確定公司的英文名稱，純粹出於個人邏輯的推理。）」無論紀念品店、球場餐廳、球員休息室或是球場外圍攤位，只要你想得到的地方，都看得到我的身影；若有在地美食，我馬上試吃，來一則美食行腳新聞；隨手抄起一件明星賽紀念T-shirt，立即化身模特兒，走秀給觀眾看。做著做著，現場的球迷不但不覺得我們是一家小媒體，反而更像是用前所未見的方式做體育新聞的專業團隊。有些球迷開始好奇我們要採訪什麼，還有些球迷主動找我們合照，代表我算是把新聞演出一個新高度了。

除了球場週邊活動的報導，最大的重頭戲是明星賽前一天的記者會。記者會舉行的方式是將美聯和國聯的明星球員分成兩梯，一次進來一梯，美聯結束之後換國聯，每個球員坐在一張獨立的桌子後面，媒體想要訪問誰，得自己擠到桌子前面主動發問，至於球員有沒有聽到你的問題？願不願意回答？全憑個人本事。大牌球星人人想問，但是記者會時間有限，可想而知，這是一個考驗膽識的場合，不但要在全世界面前發問，而且還要抓緊時機。我記得去擠了克雷頓・克蕭（Clayton Kershaw）、賈斯丁・透納（Justin Turner）還有克雷格・金布雷爾（Craig Kimbrel）的桌子，真正讓我印象最深的，還是擠到當時效力於坦帕灣光芒的強投克里斯・亞契（Chris Archer）的桌子前的那一刻，那可是我的主播生涯一大檢驗。

二〇一六年亞契來台時，我曾經訪問過他，訪問空檔我們聊到他鼓勵孩童多多閱讀的事情，幕後花絮上傳社群媒體後，引起不小的迴響，所以鄉民留言時常常起鬨，說我和亞契有點交情。要去邁阿密採訪前，也有不少網友傳訊息建議我一定要和亞契來一個相見歡，我想他們多少想要檢驗我到底是喜歡裝熟，還是真的跟亞契有私交。雖然在節目上聊得很開心，但是我心裡相當清楚，一名大聯盟全明星球員，每天面對各路媒體的提問，要在萬千記者中認出我的或然率根本是零。所以我只打算按照工作

和小弟我有些私交，見到面還會「Hey! Yo!」打招呼的克里斯．亞契，不管他記不記得我，我覺得他真的是個很棒的人。

計畫，有機會問幾個簡單的問題就好，反正不要讓網友有機會酸我說：「啊不是說有私交？」那就功德圓滿了。

當我和攝影師死命擠到他前面時，還有幾家國際媒體正在採訪，我看前一段問答似乎告一段落了，趕快鼓起勇氣說：「Hi Chris，我們是FOX Sports TAIWAN。」

他看到我，突然眼睛一

亮地說：「Hey! Yo! Michael，好久不見啊！我就知道你會來採訪，一切都好嗎？」接著在眾家國際媒體前跟我寒暄了起來。我拋出了本來準備的問題，亞契親切地一一回答，並和我握手擊掌。接著當我和攝影師轉頭要離開時，突然有一個同業叫住了我們說：「FOX Sports TAIWAN！」

我回他說：「是的，有什麼事嗎？」

「我們是FOX Sports邁阿密，我們接下來可以跟在你們後面嗎？」

我爽快地說：「Of Course，當然。」當下我覺得自己帥氣到無以復加，這一個愛表演的小台灣人在一級戰區讓大家見識了FOX Sports TAIWAN的本事，我突然更懂得亞理哥所說的「熱情」是什麼了。

除了default之外，還有一個英文字叫「plow」，名詞的意思是耕田用的犁，如果當作動詞的話，代表你用意志力硬把眼前的困難「輾過去」。這個詞讓我特別著迷，因為那一種不顧一切強行突破的霸氣，正好是面對困境時最需要的心理狀態。有時候我們在做的事情可能不完全是自己喜歡的，如果非做不可，其中一定會隱藏著你能夠展現熱情的關鍵，當你感覺被困住時，成為推動你向前的最後一份力量。就好像我極度不認同這一行「有妹九十五分」的生態，但是我卻很享受讓隊友更好的感覺；同樣的，我不喜歡長途跋涉到國外出差，跟家人相隔兩地，但是能讓台灣的名字在外國人的耳朵重複播放，又讓我感到特別爽快。要是你卡在重重的困難當中，試試找出在你內心深處無可取代的熱情，然後用那一份力量「plow through it（把眼前的難關輾過去）」，你會發現，怎是一個爽字了得。

定型，那是髮膠在做的事情

Part.3

第三部：

Part. 3

Ch. 14

Do the right thing and good things will happen.

做對的事情，好事就會發生。

當年在我完成了ESPN主播徵選之後，雖然我自認為表現得相當不錯，但其實我心裡也沒多篤定自己考得上，但有一天我的手機響了，接起來之後是一位操著英國口音的男士，直接用英文跟我說：「是Michael嗎？我是ESPN Star Sports資深製作人戴夫．羅伯茲，這通電話是來告知你，我們很開心將你選為我們的新主播。」另外，他還說：「我們決定提供你一份複數年合約，我相信這代表了我們對你的重視。」我寫複數年，其實不過就兩年，但在當下確實是讓我這個一輩子沒工作的老菜鳥感到備受重視，畢竟能讓一間國際公司開出兩年的合約，我心裡馬上就浮出了一個想法：「三十歲才開始工作，但人生第一份工作就能做一輩子，看來我陳宏宜可能真的是個大器晚成的天才。」到底為什麼我會在聽到「兩年」合約之後，就自己腦補到能做一輩子我不知道，但我後來很快就知道，我的想法是多麼的偏差（笑）。在知道考上到正式在新加坡報到開始上班的這段期間，雖然我都有和公司的高層們透過Email交換意見，並且也盡全力去了解新工作的內容（在我入行之前，我連世界體育中心是什麼都不知道），但總覺得希望有真的人可以面對面問問題，比較能減輕我面對未知的焦慮感，而很幸運的，有一名前輩剛好從新加坡回台灣度假，所以我馬上就透過MSN（這確實是年代久遠的事情了）約了這名前輩吃飯，期望可以從他身上得到一些安定的力量，又或者是能稍稍偷窺一下璀璨的未來，但沒想到才剛開始吃飯聊天沒多久，這名前輩就說：「我跟你講啦，我現在是不會為這公司多賣命啦，上班交差了事就好了，其他就不用再多說。」當下我聽了之後，沒有多說什麼，當然也沒有再追問，因為我認為或許每個人上班久了，都多多少少會有些怨懟，所以我這個老菜鳥對於要開始工作的期待，自然很難跟前輩的想法產生共鳴，不過我還是告訴自己，他的感覺不一定會是我的感覺，只是確實有點開始擔心，我好不容易找到的這條坦途，難道不是我想像的那樣嗎？

到了新加坡之後，經歷了找房子開戶辦手機和學習剪接（因為我之前跟人家打包票說我會）等等的瑣事之後，一切算是慢慢地上了軌道，工作上也比我想像的更迅速找到適合自己的節奏，接下來就是即將要正式坐上主播台，在自己最熟悉的鏡頭前一展身手，怎麼看我都覺得這實在是美夢成真，我也確實是可以想像自己在這裡工作得長長久久，但有一天，大概是我報到之後的一兩個月後，公司召開了一次大會，要所有新聞部的工作人員到會議室集合，最菜的我當然坐在最邊邊，看看這些來自世界各國，可能是英國可能是美國可能是澳洲甚至是印度的主播記者們，會收到什麼

如果說老天爺有在職涯上面眷顧我什麼的話，肯定就是讓我有一個讓人看了會開心的「觀眾緣」吧。

樣的消息，但沒想到新聞部主管進來之後，第一件事是說：「我們台灣Team有一個新主播Michael，我想說趁這個機會歡迎他一下，順便也讓大家可以認識他。」接下來我很靦腆地起立跟大家揮揮手，然後我記得這些資深主播們還在開玩笑說：「我們還以為台灣Team的新主播會是個台灣美女呢，不如叫Michael穿裙子吧。」沒有意外的全場大笑，而我心裡仍然是想著，這裡的氣氛可真好啊！但大家笑完之後，新聞部的主管就開始進到下個主題：「我相信大家最近都有聽說公司要合併的消息，目前的狀況確實是這樣，但到底是怎麼個合併法，還有合併之後會怎麼樣都還不清楚，所以大家現階段還是照常工作就好了。」聽完之後我看到這些我眼中的資深大牌主播似乎是對於這個消息沒有太大的反應，仍然是個個都談笑風生，但我的腦中卻是不斷地縈繞著「合併」跟「不確定不清楚」這些詞語，然後我心中只想著：「三小，我才剛來耶！」

雖然後來事情的發展的確是如那一天所說，之後的好一段時間都沒有任何的變動，大家在公司仍然是行禮如儀工作照常，但畢竟你心裡已經知道，當初說的「這個複數年合約表達我們對你的重視」其實已經沒有太大的意義，你原本心裡面所設想的康莊大道，現在已經變成走一步算一步的崎嶇小路了，所以某種程度上也驗證了當初前輩對我說的那句話：「我跟你講啦，我現在是不會為這公司多賣命啦，上班交差了事就好了，其他就不用再多說。」而雖然在一個理想的世界之中，有些人會說，不管怎麼樣，我們都應該拿出百分之百的努力，這才叫做無愧於天地，但我倒認為在真實的人生裡，當合併的動作開始之後，許多原本已經做出點成績的東西或者是累積，突然之間不管合理或不合理，都必須做出改變，你以為你已經站穩的舞台，更是一夕之間被搶走，是人都會不爽，都會想要以最消極的態度去完成每天的工作就好。但在這種困境當中，我常常想到一個運動領域中不變的道理，那就是控制你所能控制的東西，跟設立小目標，舉例來說，一名NBA球員心中的大目標當然是要拿下總冠軍，但一支球隊能不能真的拿下總冠軍，也不是心裡有目標就能達成，而是需要多方的配合跟機運，而天時地利人和既然無法控制，你能控制的就是專注在自己所能做到的細節上，簡單的說，在休賽期的訓練專注在一個或兩個比較明確的領域，例如說背後單打、左手上籃、三分線，慢慢的讓自己變強，等你準備好了，自然就能提升你奪冠的機會，而這個道理代換到我的職涯該怎麼做呢？其實我在發現自己的滿腔熱血和才華，好像常常因為一些大環境的原因而不受重視之後，我就開始要求自己，不要去想為什麼這個機會不給我，或者是為什麼不好好的讓我發揮我的才能，而是專注在每一年都交出一個讓自己滿意的作品，所以從最開始的《籃球禁區》頗受好評之後，隔年我又融合自己最喜歡的星爺電影做出《星爺NBA》單元，再隔年發現公司的重心越來越偏向網路，我又接著推出網路短片《啾啾麥來亂》，大環境越差或者是公司政策越改變，我就玩越大，玩到無法被忽視，而這一年又一年的累積，也讓我像一個每年夏天都全心苦練的NBA球員一樣，除了離大目標總冠軍越來越近之外，更讓自己的身心靈得到滿足，因為不管最後有沒有拿冠軍，我都知道我越來越強了。

除此之外，當原本你很滿意的大環境開始改變時，也多多少少會對你平常的表現造成壓力，深怕你如果不小心犯了什麼小錯，又或者是有人批評你的話，會對你的處境造成減分，而這個情形在我當年剛入行的時候其實常常發生，試想我原本以為是極為穩定、極為被看重的職業生涯，先是在我報到後的第二個月就馬上出現巨變，另外，你也可以感覺到所有人（同事跟觀眾）都預期會選一個漂亮的女生進來，而我作為那個打破大家美夢的帥氣男生，心理的壓力不可謂不小，所以當時從剛開始在幕後

曾經我以為戲劇系是我最大的弱點，沒想到卻是我最大的優點。

進行新聞過音，又或者是真正坐上主播台播新聞，我都相當清楚所有人都在盯著這個經過層層考試並且打破大家眼鏡選進來的新主播，到底是有什麼了不起，能夠突破性別的藩籬（笑），而在那種高壓的狀況下，我也曾經很在意別人對我的表現有何批評，有時不小心在主播台上吃了一個螺絲，就認為自己是全天下最十惡不赦的罪人，搞砸了一整個節目，又或者是不斷地在心裡上演小劇場，想像所有人都在抱怨：「本來不是應該選個正妹進來嗎？怎麼後來變成這個臭男生？」還好我後來很快地就再次的在運動場上獲得啓發，因為身為一名體育新聞的播報者，從我們密切關注的對象身上得到靈感，也是合情又合理！我們常常在說一支大聯盟球隊如果在三連戰當中拿下兩勝，我們就會說這支球隊拿下了系列賽，而如果這一支球隊能把例行賽當中的每個系列賽都拿下來（勝多於敗），那就代表這支球隊的勝率大概有六成，換算成例行賽一百六十二場，大概能拿下一百勝吧，而這種等級的球隊不只算是季後賽常客，更很有機會衝擊世界大賽冠軍，也就是說就算你認為你在今天這場比賽表現差到爆炸，但如果你能在三連戰當中，起碼有兩場表現得不錯並拿下勝利，或者是一個禮拜七場比賽當中，至少搶下四勝，那你就夠資格說你是一支有季後賽資格（衝擊總冠軍）的球隊，所以在悟出這個道理之後，我就不再苛責自己是不是在哪句話吃了螺絲，又或者是哪一天的表現不好，而是在每天的節目之前，用盡全力準備，但節目錄完之後，就把這一天所有一切都拋諸腦後，好好的睡一覺，準備起碼在三連戰當中拿下兩勝（三天之內只搞砸一次），因為其實新聞，就跟體育賽事一樣，今天打完之後，大家只在乎下一場，所以不管你今天的表現多好或多差都不重要，把下一場打好才是王道！

有人說七年級生這個世代，大概是生活最難過的，沒跟到上一代的「台灣錢，淹腳目」，跟現在年輕的網路世代比起來，又帶有老一輩有點不太合時宜的傳統價值，感覺不管想要做什麼，都是碰到重重的困難，要不然就是常常碰到「現在全世界很不景氣」，只是就算全世界景氣了，似乎也跟你沒關係，但最近在Netflix看到一部電影叫做《我叫多麥特》（My Name is Dolemite），給了我很大的啓發，劇情描述一名喜劇演員靠著充滿腥羶色的表演內容，大受觀眾歡迎的故事，而在電影裡頭當他要推出作品時，曾經有人質疑他說：「你這種內容，頂多是讓你家附近五條街區的鄰居開心而已。」但多麥特卻表示：「全美國每個城市都會有那五條街區，我的目的就是要讓他們開心。」同樣的道理，或許現在是個困難的時代，或許我們是個辛苦的世代，但我們能做的就是持續做自己心中認為最正確的事情（Do the right thing），交出讓自己滿意的作品，累積你身邊最挺你的那五個街區，因為你永遠不知道當你的作品擴散出去後，其他地方有多少個五個街區的人產生共鳴，然後很可能，好事就會發生了（Good things will happen）！

Part. 3

Ch.15

Keep Moving

在我成為了一個體育主播之後，每回和朋友見面聚餐時，總是會感受到不少羨慕又忌妒的眼光，畢竟對很多人來說，螢光幕上的工作自帶光環，再加上我把專長發揮得淋漓盡致，而且身旁總是有美女相伴，的確讓很多男性同胞感到夢幻。

不過，跟大家的談話過程中，話題多半圍繞著三件事打轉；一是問我哪個球星私底下為人怎麼樣？二是某個女主播有沒有男朋友（這兩個問題的答案我都不知道），再來他們會關心我說：「這個工作你打算做多久？」這個問題乍聽之下讓我黑人問號，畢竟面對當公務員或者是設計師的朋友，我從沒問過一樣的問題，但是大家怎麼都會好奇我的答案呢？

後來我想一想才明白，對於很多人而言，當主播報新聞這件事情，某種程度上很像藝人，朋友說不出口的潛台詞是即使現在受到萬人擁戴，但是五年或十年後，等到年華老去，美色消褪，難道還能繼續坐在主播台播新聞嗎？雖然他們的眼光很正確，我確實靠著美色霸場沒有錯，但是這些好朋友也確實是多心了。好萊塢有一部由布萊德．彼特（Brad Pitt）主演的精采喪屍電影，叫做《末日之戰》（World War Z）。劇中全人類遭受了一種宛如狂犬病般快速傳染的喪屍病毒襲擊，原本平靜的日常生活，瞬間變成鎮日躲避喪屍攻擊的人間煉獄。當布萊德．彼特總算突破重重包圍，帶著家人找到一個看似安全的地方之後，有人建議他：「不如我們就躲在這裡看看狀況吧！」布萊德．彼特斷然拒絕，堅持在天亮之後立刻動身，因為他認為身處險境時，無論當下的處境多安全，只有不斷地移動（keep moving），才有活下來的可能。

帥哥所見略同，我很清楚在這一個變化迅速的世界裡，不管是體育還是電視，都被視為夕陽產業，資源的投入只會愈來愈少，也就是說，這是一個很容易被取代（被喪屍啃咬）的地方，原本高枕無憂的藏身處，遲早會變成被喪屍包圍的死胡同，所以「不死守，一直移動」一直是我的最高指導原則。

常常有粉絲私訊給我，除了關心生活作息、說笑打氣之外，大家最常問的問題就是：「我好喜歡體育，要怎麼變成像你一樣的體育主播？」我通常會回覆：「好好讀書，英文多練一點，廣泛地吸取新知。」有趣的是，當中並沒有好好鑽研體育這一項。因為我一直認為體育知識可以快速累積，但是文筆跟對新聞的嗅覺卻需要長時間培養。正如現在的NBA，一號到五號位的區別已經變得非常模糊，中鋒必須要能拉出來投三分，前鋒必須要能組織快攻，後衛最好能做更多的無球跑動，還要有logo

跨界合作跨到和雨揚老師搭擋，真的是人生一大突破。

shot的遠投能力，甚至王牌球員還得身兼招募的總管。若球員還是像過去一樣，只能打禁區或者投外線已經不敷使用，功能單一的球員將慢慢地被淘汰。因此，即使我的播報讓大家聽起來很熱血，在新聞當中set哏也相當在行，但是我一直把體育主播當成職業生涯中很小的一部分而已。別人笑我太瘋癲，我笑他人看不穿，在多數人眼中，我是一個不錯的高顏值體育主播，其實我更自詡為跟運動主題合拍的全才說書人。

既然是說書人，代表除了體育相關的話題之外，我還可以在其他的領域（不只是天橋底下），用截然不同的方式講故事。因為我的聲音自帶燃屬性，所以我曾化身聲音演員在知名電競遊戲擔任配音；過去寫新聞時展現了不錯的文筆，故某家男性雜誌找我以人生為題寫專欄；多年累積的表演底子讓我在鏡頭前效果出衆，才會有烹飪命理節目相中我擔綱主持人。不同面向的嘗試，展現了我是一個智慧型手機一般揉合多種功能的綜合說書人，更顛覆了一般人對於體育主播的想像。

只是一個體育主播弄到如此斜槓又斜槓，總會有些人批評我形象崩壞，或是將新聞搞成不三不四的綜藝節目等等，但是我的生活經驗教會我，唯有不受傳統觀念束縛、持續移動的戰略，才有衝出活路的機會。死守著過去的觀念，不敢說是死路一條，但是絕對會讓人過得非常痛苦。好比說，我常常為了體貼辛苦的老婆大人，因此在下班之後「幫忙」洗碗，或者是「幫忙」帶兒子去洗澡。這種貼心的舉動放在十多年前，肯定博得顧家好男人的美名。但是在現今的社會當中，幾乎沒有人（包括我太太）為此稱讚我個幾句。因為洗碗跟帶兒子洗澡難道是專屬媽媽的工作嗎？難道爸爸完全不能做嗎？既然是全家人的工作，就不叫「幫」，所以洗個碗跟帶兒子洗澡又有什麼好討拍呢？當然我也可以抱著傳統觀念，認定以前哪有像我這麼體貼的男人？太太應該好好珍惜，最好當成鄰里楷模。不過以前是以前，現在是現在，要活得開心就要改變執念，多方發展自己的專才，要不然婚姻生活……不，我是說職場生涯真的會過得很痛苦，與天下已婚男子共勉之。

「不斷移動」的策略得具備多樣的才能，在那之前，要先有一顆勇於嘗試的心。任何一件事情做久了，都會愈來愈熟練，而熟練導致舒適，一旦感到舒適，很容易陷入日復一日的打卡心態，不知不覺倦怠纏身，最後就會開始走下坡。因此成功容易永恆難，一支贏球如喝水的強隊拿一次冠軍容易，要建立連霸王朝可是另一個等級的挑戰。由於入行之後，大環境總在變動，加上我也不是在職場上能得到特別關愛的天之驕子，不會有人特意做球給我，所以我老懷著危機意識，即使現在的位子坐熱了，但是屁股最好離開椅子一點點，免得被燙傷。雖然大家一直認為我跟體育主播的形象太契合，未來不播體育新聞的話，播球賽也是很合理的。但是我特別想要踏出舒適圈，嘗試不一樣的工作，至於不一樣的極限在哪裡，我始終抱持開放的態度。

有一天，剛要開台的公視台語台尋找台語新聞主播的消息映入眼簾，我心中突然響起一個聲音說：「也許是一個可以試試看的機會。」不過下一秒，我就認定這是一個跳Tone的選擇。雖然從小到大我在家裡都講台語，當藝人的時候也演過台語戲劇，但是我從不認為自己的台語能好到可以播新聞，所以我一度認為這個嘗試有一點超出能力範圍。不過轉念一想，我跟台語主播的距離，應該還是比當年跟體育主播的距離近一點。而當初我不就是靠「相信自己，勇敢作夢」一路拚到現在嗎？如果我三十歲的時候不怕被打槍，那麼快四十歲了，累積了一身本領，當然更沒有害怕的理

從小在家說台語，當演員也演過台語戲，但要用台語主持節目還是第一次，感謝公視台語台《青春咱的夢》給我這個機會，去把母語講回來。

由，不管怎麼樣，先做了再說。

所以我還是丟出了履歷表，就像一名多年前曾經中過樂透的人，又花錢買了一張彩券，祈求老天能夠再次降下神蹟。沒過多久，我收到試鏡的面試通知，但是時間實在無法配合，加上我多少還是懷疑自己不適合當台語主播，因此沒有積極地硬喬出面試的時間，心想這一條路大概止步於此，我還是多找找其他的機會。

沒想到再過一個月，公視台語台的節目製作人打來一通電話，表示在之前的台語新聞主播徵選當中，曾看到我的履歷表，因此詢問我有沒有意願擔任外景節目的主持人，平均一個禮拜錄一集，每星期只需要一天到兩天的時間。光聽到要出外景，我第一個反應就是好累，但是短短的工作時間，反而能讓我兼顧耕耘已久的體育主播工作。既能保住本業，還能將觸角伸到另外一個全新的領域，比起原本設定的台語新聞主播，這才是更適合我的選擇，簡直跟麥當勞套餐加十塊升級大杯可樂一樣超值。所以我後來很快地接受了新的挑戰，就算接下來有時一個禮拜得工作七天，對體力是一大考驗，但是我相信自己的直覺，繼續走這一條不小心闖出來的路，絕對會有意外的收穫！

常常有人說：「想成功，一定要努力。」但是我一直認為這句話只說對了一半，因為努力不是單一面向的努力，而是指全方位的努力。如同前面所提，很多粉絲會問我：「要怎麼樣成為一名成功的體育主播？」專注在體育與運動固然很好，可是如果只專注在這兩樣事務上，真的會把路走窄了。

在成為體育主播之前，我完全沒有將這一份工作當成是人生的目標。相反的，我花了很多時間東看西看、東學西學，日後才能東成西就。雖然當演員的目標並沒有達成，卻在經年累月的努力中，把自己打造成一個相當擅長在鏡頭前表達的人。同樣的，我從來沒想過要用母語來工作賺錢，但是我一直期許自己不要把父母教給我的語言忘掉，所以生活中一有機會就講，逮著空檔就練習。萬萬沒想到，與人溝通無礙的台語竟然讓我跨進一個全新的領域，能走的路又多了一條。因此不管你想做什麼，請你一定要全力以赴，多方學習，在每一個當下都交出最好的自己。唯有這樣，當你某一天真的走近想要抵達的目的地時，才能清楚地看出最後的方向，做好走上最後一哩路的準備，踏上目標的山頂。

Part. 3

Ch.16

青春咱的夢

我在公視台語台主持的節目叫《青春咱的夢》，是一個走遍全台灣，採訪認真追夢的年輕人的節目。當爸媽聽說我要主持台語節目的時候，不停地以懷疑的口吻問我：「你？你那款台語能主持台語節目？」彷彿我詐騙了節目製作人一樣。我倒是沒有特別擔心語言能力，比較讓我在意的，反而是能不能符合節目的調性。在公視官網的官方介紹中，這是一個「走遍全台灣，找尋年輕人如何認真生活」的節目，可

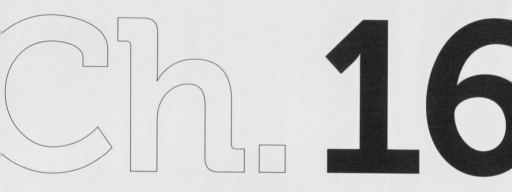

是我偏偏是半個中年阿宅，工作以外的時間，只想待在家，不喜歡到處跑，生活也談不上很認真。再加上我一世人在台灣的大部份時間幾乎都在大安區活動（不然怎麼叫大安區Stephen Curry），出台北市的機會大概比出國還少，完全符合一般人所謂的「天龍人」身分。有一次球賽採訪，我怕自己會太過想家而帶著妻兒一起前往台南，為了兒子想喝盒裝牛奶，在街上四處奔走，彷彿到了天涯海角才看到一家7-11，結果店裡沒有貨了，我還很生氣地質疑，為什麼斜對面沒有一間全家供我選擇呢？

如此不接地氣、漫步在雲端的我，真的能勝任節目的主持人嗎？有一句話叫「既來之，則安之」。我自認為在鏡頭上的表現，絕對不會輸給任何人，就算我好像跟節目形象差很多，對於全台各地年輕人的夢想也沒有太多的研究。但是我能被放在這個位置上，一定有一些非我莫屬的原因。而且，多年來在體育播報界打下的「什麼都敢玩」的名聲，讓我變成全世界最沒資格說自己「不適合」做什麼的人。因此，表面上看來，我踏上一個完全陌生的領域，但是換一個角度看，人生最精華的二十多歲，我為了當演員跑到美國打拚；三十多歲，用表演在體壇殺出一條血路；如今快四十歲的我，不但跟夢想一點也不陌生，更應該是節目的最佳代言人才是！

就算我自信滿滿，不過《青春咱的夢》確實帶給我相當大的挑戰，時時提醒我要學的還很多，莫忘謙卑謙卑再謙卑。首先最大的關卡當然是台語表達，雖然我自認從小講台語講到大，若有台語多益，好歹能考個九百分。但是等到搬上檯面時，才發現自己的程度和學院派的差距有多大。好像你平常自己投籃的命中率有七到八成，三對三鬥牛遇上實力一般的對手也都能夠大殺四方，但是有一天跟校隊等級的對手打全場五對五時，才殘酷地發現體力馬上消耗殆盡，連運球都會彈到腳上。同樣的，日常生活用台語來開講，我有九成五的把握。但是主持節目必須講出長長的引言跟結語，習慣的生活化用詞不一定合適，加上錄影現場往往不在北部，早起驅車南下是家常便飯（怎麼全台灣有夢想又會講台語的年輕人都在南部），舟車勞頓後，腦子總是介於醒和沒醒之間，除了記稿子還要切換語言，腦力馬上折損一半。為了確保節目品質，製

《青春咱的夢》採訪「雞屎藤舞蹈劇場」，老實說我在做這個節目之前，沒有去過台南……（嘿，我是天龍人）。

作單位備有專業的台語老師指導用語和發音，我才發現，向專家請教自己不會念的台語都算容易，困難的是改變三十多年來似是而非的語言習慣。很多說台語的方式，我講了一輩子都沒啥問題，一遇到台語老師，才發現處處是破綻。比如說，台語的「是這樣嗎」，我都會講「敢安呢嗎」。但是在錄影的第一天，老師好心地叮嚀：「台語沒有『嗎』喔！所以應該說『敢安呢（kám án-ne）』。」

明明經過老師提醒之後，我多次囑咐自己：「別擔心，只是把語尾的『嗎』拿掉而已。」偏偏每次講到問句，我又情不自禁地冒出一個不該存在的「嗎」。好比右撇子臨時改成左手握筆寫字一樣彆扭。每講錯一次，一旁的老師立即瞇起溫暖又不失尖銳的眼神，看得我心裡發寒。隨著錄影時間的增加，吃的螺絲卻有增無減，突然之間，自己彷彿連一句話都說不好了。前幾次錄影，我甚至把每一段口白一字一句地念給台語老師聽，等確認無誤後，我才敢安心上鏡頭。

從此以後，我對博大精深的台語的敬意猶如滔滔江水，綿延不絕，也要求自己要像一支即將挑戰勒布朗．詹姆斯的NBA球隊一樣，做好比平常更多的備戰功課和更完整的戰術設定（Game Plan）。因為工作經驗教會我，即使事前做足了萬全的準備，正式錄影時種種不可抗力的變數，會讓表現打個八折。如果我想要交出一百分的表現，那麼事前的準備必須得超過一百二十分才行。用華語播體育新聞是如此，主持台語外景節目當然不能例外。所以在錄影前一個禮拜，我就會開始跟製作單位要腳本，看到不是那麼有把握的詞語，就算我覺得自己應該不會念錯，還是會先請教台語老師，若有拗口的句子，我會先跟負責的企劃溝通，看看能不能改成自己比較習慣的說話方式，讓節目的呈現更自然。透過一次又一次的嘗試，讓我找回對於台語的熟悉度，用字遣詞更加精準。雖然這是宛如復育森林一般看不到盡頭的浩大工程，但是起碼我已經脫離了要逐字跟台語老師對稿的窘境。不管面對什麼困難的挑戰，百分之百的努力加上百分之一百二十的準備都很管用！

在外商傳媒擔任主播近十年，訪問過國內外大牌體壇明星，穿梭各大體育盛會，不過我還是要誠實地說，主持《青春咱的夢》大大地拓展了我的眼界。身為一個住在天龍國天龍區的純種天龍人，成長的過程當中自動將豐沛的資源視為理所當然，從小的生活只要單純地上課、考試、補習，再上課、再考試、再補習。三不五時偷懶溜去看電影唱歌，然後再回到上課補習考試的循環當中，等到考上大學，就沒有念書的壓力了。大學畢業之後出國唸書，找尋國外就業機會，不行的話，拿學位回台灣工作，首選當然是福利較優的外商公司，這正是我這一種人的舒適圈。雖然人生不完全走在這一條路上，但是我心裡的預設仍是如此，只因自己能力不足，再加上種種美麗的意外，才走到一個之前從沒想到過的地方。然而在《青春咱的夢》訪問的多位懷抱青春夢的年輕人，卻是帶著截然不同的視角認真過生活。

讓我印象最深刻的是一個嘉義的街舞團體「築夢者」。一提到街舞團，映入腦海的背景畫面多半是高樓大廈的都市，畢竟街舞是外來的嘻哈文化元素，如果出現在人潮洶湧的台北西門町也是十分合理。但是見到築夢者的成員以及深入了解舞團經營方向之後，我才發現這一群熱愛街舞的年輕人，就算相當清楚生在資源和媒體關注度相對少的地方，可從來沒有讓夢想打折。相反的，他們選擇把自己的最愛帶到故鄉，讓嘉義成為實現夢想的基地。雖然在一般人的印象當中，嘉義好像就是一個農業都市，可是在築夢者的努力之下，當你在網路上搜尋「街舞首都」，會發現這四個字直指嘉義。他們只是台灣諸多熱血年輕人的一個例子而已，我在《青春咱的夢》這個節目當中所碰到的訪談對象，大部份出身在一個資源遠遠不如台北市的鄉鎮，但是對於將來要走的路，反而有更明確的方向。他們可能是從事在地農業的小農，專注在社區營造的在地青年，或是立志發揚台語舞台劇的劇團等等。每個主角懷著不同的青春夢，在追夢的過程當中同樣遇到重重的困難，但是卻堅持突圍不放棄，在最陰暗的牆縫中，發出耀眼的光芒。而且有別於像我這種天龍人，腦中多半是裝著「國外」、「國際」、「全球」等遠在天邊的關鍵字，他們心中想著的，反而是近在眼前的「土地」、「故鄉」與「文化」。以前我常常會覺得，一定要到世界的中心揚名立萬，才算實現自己存在的價值，才能在社會上昂首闊步。但是這些年輕人選擇在家鄉，甚至是全台最不起眼的角落默默努力，只為了讓孕育自己成長的土地更好，打破刻板印象所造成的不平衡。他們絕大部份還沒有名，也沒有錢，一般人也看不懂他們整天孜孜矻矻地在忙什麼？但是每個人眼中放出的光芒讓我打從心底佩服，也讓我放慢腳步重新思考，自己已經多久沒有做夢了？站在即將奔四的年紀，是否仍然有勇氣去追自己的夢想？

其實我一開始接節目的時候，常常有人會語帶驚訝地問我：「你怎麼會主持這個節目呢？」意思是我這一個大安區Curry兼福斯吳怡農，怎麼會從熱血的體育新聞台，跑進文青取向的公視節目。但是我能跟你掛保證，《青春咱的夢》所接觸到的這些人與這些故事，比體育還熱血！因為運動員只是在運動場上咬牙奮戰，而這群年輕人可是在人生的賽場上打死不退！幾年前，我在棚內專訪大聯盟球星克里斯．亞契，和他在錄影空檔閒聊時談到了一個名人的社會責任，就是要能讓整個世界變得更好。最後我跟他說：「Keep doing it, you will make a difference in no time, you never know.（繼續努力吧！改變可能在你不注意的時候就發生了）」一句華麗詞藻的話語，卻在網路上吸引了百萬人的關注。我想這句話之所以能觸及到這麼多人，大概是因為它有

《青春咱的夢》採訪街舞團體「築夢者」，二〇二四年奧運要有街舞了，祝福這些年輕人穿金戴銀！

一種樸實的希望感，很容易跟每個人產生連結。因為人生很多事情都不能掌控，但是我們能做的，就是不斷地努力，懷抱希望地嘗試，或許就算在用盡方法之後，成果不如預期，還是感到自己在原地踏步。往往改變現身的時刻，不是馬上，也不是等一下，而是在努力與努力之間不經意的時候冒出頭來。滴水穿石，不是水的力量大，而是持續的功夫深。只要打死不退繼續做，即使沒辦法改變一群人，但是你至少可以影響一個人，如果連一個人都影響不了，你起碼會提升你自己，台語的復育是這樣，夢想是如此，人生當然沒有例外！

Part. 3

Ch.17

Compete at the highest level.

我在書中不只一次提到了「籃球之神」喬丹帶給我的影響，因為在我成長的過程當中，他就是籃球場上唯一的真神，他在九零年代穿著公牛球衣做的每一件事情，就好像流行天王麥克．傑克森在八零年代穿著紅色皮外套的每一次表演一樣，只能用「完美」兩個字來形容。尤其他跑去打棒球，離開籃球近兩年，竟然還能強勢復出，在極短的時間之內回復昔日身手，帶領公牛重返榮耀，甚至再度完成三

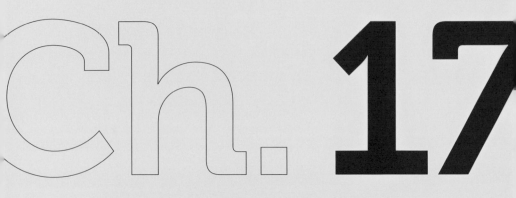

連霸。只要講到籃球，「喬神」簡直是隨心所欲的代表，想休息就休息，想改變打法就改變打法，尤其在他以準絕殺球的帥氣姿態打敗爵士搶下生涯第六冠之後，似乎已經正式地為傳奇生涯劃下了最完美的句點。超越巔峰後，急流勇退，在球迷心中留下最完美的身影，人生至此，夫復何求！

不過美好的回憶在他二〇〇一年於華盛頓巫師隊復出後變了調。那時的喬神，已經明顯受到了年紀的摧殘，就算心中已想好如何在空中扭腰拉桿，但是身體已無法完整地接收指令，結果那位當年在球場上飛來飛去的「Air Jordan」，改穿一件顏色實在不太適合他的球衣之後，活生生地變成讓名氣遠不如他的球場後輩戲耍的中年阿伯。堂堂籃球之神落得如此狼狽，看得全球球迷心疼不已，實在是晚節不保的最佳案例。許多粉絲大惑不解，為什麼喬神不好好享受退休生活，非得讓自己的籃球生涯蒙上陰影呢？

有一次我在一則網路上的專訪當中，看到了喬丹本人對這件事情做出了解釋。當時主持人問他：「你為什麼會想要在二〇〇一年復出呢？你難道不覺得在一九九八年完成三連霸之後，就是你退休的最好時機了嗎？」

喬丹回答：「其實當時我也不太確定自己想要什麼，但是我滿希望以公牛隊原本的陣容再拚一年，因為我想看看，到底有沒有球隊能擊敗我們？只是剛好碰到NBA封館，所以籃球生涯被迫結束。但是我的心底還是燃燒著競爭的火焰（competitive juices），所以我期望再回到NBA的賽場上，就算沒辦法為冠軍而戰，但是起碼我希望自己是因為技不如人被聯盟淘汰，而不是自己選擇離開。」

接下來主持人又追問：「那你會不會想要第三次復出呢？」

喬神很簡潔地回答：「當然不會，我已經試過了。我知道沒辦法再打了，所以我

拍攝《啾啾麥來亂》最有趣的是辦公室所有找得到的東西都被我拿來當道具，所有在上班的同事都被我抓來當臨演。

可以很開心地離開NBA賽場了。」喬神最後的這一句回答，因為某種命運的巧合與量子糾纏，剛好道出了我的心情。

二〇二〇年的某一天，FOX體育台突然宣布要退出台灣了，也代表我做了將近十年的人生第一份比較正常的工作，必須要走入歷史了。雖然身為體育台的一份子，退出市場的消息並沒有讓我覺得太突然，但是高層這個決定出現的時機，還是令我有一點點震驚。消息爆出來之後，四面八方的關心與慰問紛紛湧入，統整以後，可以歸納成兩種問題，一是「你還好嗎？」二是「那你接下來有什麼打算？」

老實說，一間媒體的營收多寡、經營方向，甚至整個大環境的改變趨勢，我這個小上班族並沒有太大的研究，只是突然之間又要再去找工作，或者是增加其他的收入來源，確實是讓人有點煩惱。

不過事情發生了就發生了，該怎麼辦就怎麼辦，我實在沒有太多的心思糾結在「這是一個時代的結束」還是「台灣體育迷重大的損失」這一類傷春悲秋的情懷。反倒是自己強烈地感覺到，面對這一波職涯重大動盪，我的心情異常平靜，因為這已經不是我第一次碰到了。還記得前面曾提到當初我剛進ESPN，人一到新加坡就發現公司要合併了嗎？雖然FOX將ESPN買下來，但是不保證我自動從ESPN轉職成FOX的員工。我記得最後在台灣團隊要從新加坡移回台灣時，所有人都知道團隊未來的動向，我正是最後一個還不曉得下一步消息的人，橫看豎看，我大概就是新老闆不想要留下來的咖。

我人在新加坡，心卻吊在半空中；當時新婚不到一年，太太剛搬去與我團聚，租屋處才打了一年的租約，合約上的簽名都還沒乾，正要開始的職業生涯，竟然馬上要結束了。當時我的心中充滿焦慮、恐懼、不滿等痛苦三元素，天天只能乾等一張代表未來的合約。

這一次狀況更險峻，一晃眼我已經四十歲了，完完全全符合中年失業的標準，而且結婚多年，兒子已經開始上學，經濟的壓力也比上一次來得大。但是我在得知即將失業的事實之後，只鬱卒了不到兩天，馬上回歸正常表現，甚至還有一點期待接下來完全不一樣的生活跟挑戰。而我想重點在於，從ESPN到FOX體育台將近十年的光陰，我已經盡了全力。

我用了最大的力氣在體育新聞裡灌注創意，用最熱情的聲音陪大家重溫精采賽事，使出了最深刻的演技給體育節目的觀眾不一樣的想像。一路走到這邊，球場即將關閉，我可以坦蕩蕩地說，自己已經毫無保留地嘗試過了，我將會開心地離開賽場。所以回到剛剛所提的第一個問題，我很好，但是心情就好像一九九八年被迫退休的喬丹一樣，我當然希望有一天FOX跟我說：「Michael，我們找到一個人比你更好，所以要請你離開了。」而不是「我們經營不下去，要收攤了。」不過，人生本來就有不完美，一路努力過了，就無怨無悔。

卓卓脾氣很差打人很痛，但她真的是個好搭擋。在FOX的日子中，我很開心有這些同事互相求進步。

至於第二個問題，「我接下來有什麼打算？」

在美國體壇，運動員很喜歡說一句話叫「Compete at the highest level.（最高等級的競爭）」通常用於形容兩名頂尖的運動員，例如勒布朗·詹姆斯跟史帝芬·柯瑞，在最終的決戰舞台上，拚盡一切想打倒對方的熱情。正因為雙方都是萬中選一的菁英，長年以來都為了冠軍做出無數的汗水與淚水，如今離登頂只剩最後一步，所以一站上球場，不會再受焦慮緊張的情緒，或者其他場外因素的影響，拚了命也要贏球就對了。因為這才是對自己，一路相挺的隊友，以及打敗無數競爭者的對手最大的尊重，也是運動比賽最純粹動人的一刻。同樣的競爭不只發生在體壇，甚至是在政壇也是如此，前美國總統歐巴馬，在出席二〇〇八年總統大選的對手約翰．麥肯（John McCain）（前亞利桑納州參議員）的喪體時，也在致詞中提到，兩人曾經為了將國家帶領到一個更好的方向而「Compete at the highest level.」雖然雙方看法南轅北轍，但是經過最高等級的競爭之後，對彼此只有更深的尊敬。這種感覺讓我相當著迷，或許我對於體育沒有太大的熱情，但競爭的本質深深吸引我。所以我的個性是既然要做，就要做到最好。最好代表著打敗同一領域中所有的對手，就算必須要完全燃燒也在所不惜，所以我在業界當中也沒有太多的朋友（這對接下來的謀職不太有利）。如果拿NBA球員來比喻，我的風格大概屬於科比（Kobe）跟喬丹那種老一派的球員，一旦上了場就板著一張臉，比賽結束也不會跟敵隊球員相約吃晚餐泡酒吧，因為我心中只想著贏。跟詹姆斯所帶起新風潮；

不分敵我，大家都是好朋友，以後還能組隊當隊友的路線可說是大相逕庭。只是因為種種因素，這幾年我離工作上最高等級的競爭愈來愈遠，心裡只想跟對手一較高下的氣勢，也因為找不到一起拚命的夥伴，慢慢地在重複的職場生活中蒸發掉了。甚至我已經不知道什麼是好，什麼是不好。原本讓我腎上腺素爆發的舞台，漸漸地變成行禮如儀的上下班，每天能在最短的時間之內離開工作崗位，已成了我生活當中最大的小確幸了。所以問到我接下來有什麼打算？一時三刻之間，我真的沒有明確的目標，但是我對於未來的想像很大很廣，就好像我從沒計畫成為體育主播一樣，所以未來我也沒預料自己會成為「〇〇」。唯一可以確定的是，這個空格要填什麼都行，而且很可能又是讓大家猜不透的東西。但是不管做什麼，我都希望能夠讓我跟對手邁向最高等級的競爭，因為那一團競爭的火焰，在我心中燒得可旺了，只要遇上合適的舞台和對手，就能一次次爆發出來。

好萊塢電影《卡特教頭》（Coach Carter）裡頭有一段是這麼演的，由山謬·傑克森（Samuel. L. Jackson）所飾演的卡特教練，不斷地問他的球員：「你人生當中最大的恐懼是什麼？」而歷經退隊後販毒，因目睹親人被槍殺才回到球隊的球員回答他的大意是：「我們最大的恐懼是當我們往上爬的時候，卻分心懷疑自己無法突破現狀，面對困難的時候，發現自己連冒險的勇氣都沒有。*」這一段戲，我常常拿來砥礪自己，甚至同樣的問題我也不時會問自己：「陳宏宜，你最大的恐懼是什麼？」而我的答案是：「我最大的恐懼是這一生沒有完全燃燒，我害怕有一天後悔早知道就該怎麼樣，因為人生只有一次，如果不能完全燃燒拚出個輸贏，真的是白活了。」如此一想之後，所謂的「中年失業」不但一點都不恐怖，甚至可能是發生在我身上最棒的一件事情呢！

Our deepest fear is not that we are inadequate.

我們最深的恐懼並不是我們自己不夠好。

Our deepest fear is that we are powerful beyond measure.

我們最深的恐懼是我們超乎想像的能力。

It is our light, not our darkness that most frightens us.

我們害怕的是自己的光芒，而不是自己的黑暗。

We ask ourselves, Who am I to be brilliant, gorgeous, talented, fabulous?

我們自問，為什是我可以如此聰明、美麗、才華橫溢與出類拔萃？

Actually, who are you not to be?

事實上，為什麼不是你呢？

---

* 出自“A Return To Love: Reflections on the Principles of A Course in Miracles”（愛的奇蹟課程），by Marianne Williamson.

You are a child of God.

你是神的孩子。

Your playing small does not serve the world.

你的自我貶抑幫不了這個世界。

There is nothing enlightened about shrinking so that other people won’t feel insecure around you.

縮小自己好讓身邊的人不會感到不安，這樣做並無意義。

We are all meant to shine，as children do.

我們每個人本應是耀眼如光，如同孩子般。

We were born to make manifest the glory of God that is within us.

我們生來便是要彰顯我們內在的神之榮光。

It’s not just in some of us; it’s in everyone.

這榮光並非只存在某些人，而是在每個人身上。

And as we let our own light shine，we unconsciously give other people permission to do the same.

一旦我們讓自身的光芒閃耀，我們便在無意中也允許他人散發光芒。

As we are liberated from our own fear, our presence automatically liberates others.

當我們從自我的恐懼中解放，我們的存在也自然而然地讓人得到解放。

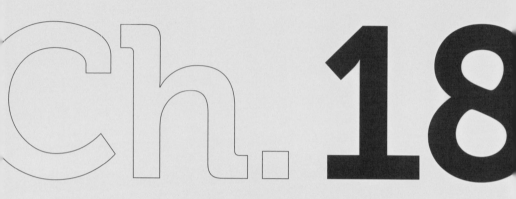

Ch.18

人生，做就對了

我最喜歡的美國影集《Seinfeld》（歡樂單身派對），裡面有一個角色叫做George，他老兄每個工作都做不了多久，不是辭職就是被開除，生活常常陷入困頓。他的父母看不下去，持續施壓要他去考公務人員當郵差，他斷然拒絕父母的建議，還跟他們說：「I know there's something out there for me, I just don't know what it is yet.（一定有什麼事情是我真的適合的，我只是還不知道是要做什麼而已）」就算在我當體育主播的這些年當中，這一句台詞也常常浮現在我的心中。對於未來，我有很多的想法，範圍大得無邊。

還記得有一個文筆相當好的大學同學，大一上通識課的時候，常常看到他在稿紙上信手寫著短文或詩，有一次我經過他旁邊時，看到他寫下一句「妳酒紅的微醺，讓我醉倒在北極海。」我當下只覺得這句話的畫面太動人了，一個美女喝醉了之後，令人醉倒在北極海這麼浪漫的地方，也許天邊伴著魔幻的極光閃爍。天啊！實在是太有深度的想法啦！強者我同學太有才啦！

無巧不巧，將近二十年之後，我爸媽真的搭上破冰船到北極去玩。抵達北極之後，現場安排了讓乘客體驗跳進北極海的活動，當時我爸不管零下三十度的低溫，直接換上海灘褲，脫掉上衣，二話不說跳進了冰凍至極的北極海裡。大約三秒後，他立馬爬上岸，全身發抖地包著浴巾，對著錄影的鏡頭大喊：「I come from Taiwan!（我從台灣來）」這個故事並不是要告訴大家在國際場合宣揚國威的重要性，而是事後我爸爸告訴我，北極的海水真的會凍到頭皮發麻，如果在水裡待超過三秒鐘，已經是人體的極限，再待下去，會看到天神在遠方招手。所以想像中倒在北極海無比浪漫，但是你真的泡進北極的海水可是玩命關頭。我不知道心中天馬行空的想法到底能不能實現，但是我一定會像爸爸勇敢地跳進北極海裡一樣，去試試看這些念頭到底只是想像起來很美，還是實行起來更棒，反正做就對了！

在美國追表演夢的時期，我的心中一直懷著寫作的希望，期望有一天能夠透過文字來傳達自己，坐在電腦前敲出一篇又一篇感動人心或是逗人發笑的故事，甚至夢想過成為一名作家。不過當我真的獲得出書的機會時，才發現除了在粉絲團發文和每兩個月在雜誌的專欄外，我鮮少完成長篇文章，還沒具備寫書該有的「肌肉」。如果拿拳擊來比喻，我根本是一個輕量級的拳手，卻硬是跳上重量級的擂台廝殺。我必須要將寫作能力延展到從沒想像過的地步，才有機會達到本書內容的最低標。所以在創作過程的前期，我花了很多的時間坐在電腦前面，盯著空白的螢幕唉聲嘆氣，對於該寫什麼內容反覆斟酌，到底讀者會不會喜歡？朋友看到怎麼想？該爆猛料還是輕鬆帶過？簡直比當年坐在咖啡廳寫笑話還折磨。有時候五歲的兒子在睡覺前會問我說：「爸爸，你等一下要做什麼？」我會回答他說：「爸爸等一下要寫書。真想跟你交換，你來寫書，我去睡覺好了。」足見我有多想逃避。

在我兒子幼稚園大班開學的前一個週末，我們幫他準備好鉛筆和削鉛筆機等文具，讓他在開始上課前，做好萬全的準備。這一回，他又在睡覺之前，問愁眉苦臉的我說：「是不是在寫書？」

「是。」

然後他遞上了一支剛削好的鉛筆說：「爸爸，這是我最尖的鉛筆，可以借你寫書。」

雖然我很想跟他說：「兒子啊，你留著，爸爸用電腦打字寫書。」但是我突然發現，在小孩子的眼中，每一件事都非常簡單。你要寫書？那就筆拿起來寫啊！你想做什麼事情，就做啊！有什麼好猶豫的？

所以從那天開始，我彷彿打通任督二脈，反正就寫在我心裡最真實的感受，寫我對生活大小事的看法，這不就是我寫書的目的嗎？或許我是一個硬闖重量級拳擊場的輕量級拳手，也許技術不如人，有很大的可能性會被K得鼻青臉腫。但是鬥志上，我可是媲美席維斯史特龍的經典角色洛基，「fall down seven times, get up eight.（被打倒七次，但一定站起來第八次）」，只要一拳一拳揮，早晚會在對手身上打出傷口。王建民說：「我，一球一球投。」反正一個字一個字寫，總會把書給寫完，重點是我要動手「做」，盡全力把心中的想法化為行動。因為要真的去「做」了，才會知道自

這就是我兒子要借給我的那枝最尖的鉛筆，有時候孩子看世界的方式是比我們大人透徹的。

己行不行，才不會永遠只停在「我想」，而是可以證明「我可以」。也許我們每個人的人生路途都不一樣，心中夢想的模樣可能天差地遠，但是我們每個人都曾經是一個天不怕地不怕的孩子，對於未知的事情充滿好奇，遇到想做的事情不會猶豫，不是嗎？所以只要找回心中的那份純真的熱情，我們就不會再用懷疑的口氣說：「我想做什麼？」而是用肯定的口吻說：「我要做這個。」

表演之所以令我著迷，正因為詮釋角色就是一個不斷「做選擇」的過程。以前在學表演跟演舞台劇的時候，常常聽老師或是導演提到「making choices.（做選擇）」以白話來解釋，就是我的角色心裡想要的是什麼？講這句台詞的目標是什麼？而我又要怎麼透過舞台上的行動達成這個目的？是要強硬索求，還是誠心地拜託？是要直球對決，還是要迂迴地旁敲側擊？不同的目標，就會搭配不同的達成方式，而不同的達成方式代表不同的選擇。在排演的過程當中，我印象最深刻的就是導演常常會提醒綁手綁腳的演員，沒有所謂「錯誤的選擇」，最大的錯誤叫做「不選擇（傻傻地把台詞唸出來而已）」。如果不選擇，什麼都不會發生。

這一點和人生十分相似，每個人一定都有很多想做的事情，你可以選擇任何方式去達成目標，過程當中或許會遇到困難，或許會被迫改正，甚至必須花比想像中還要

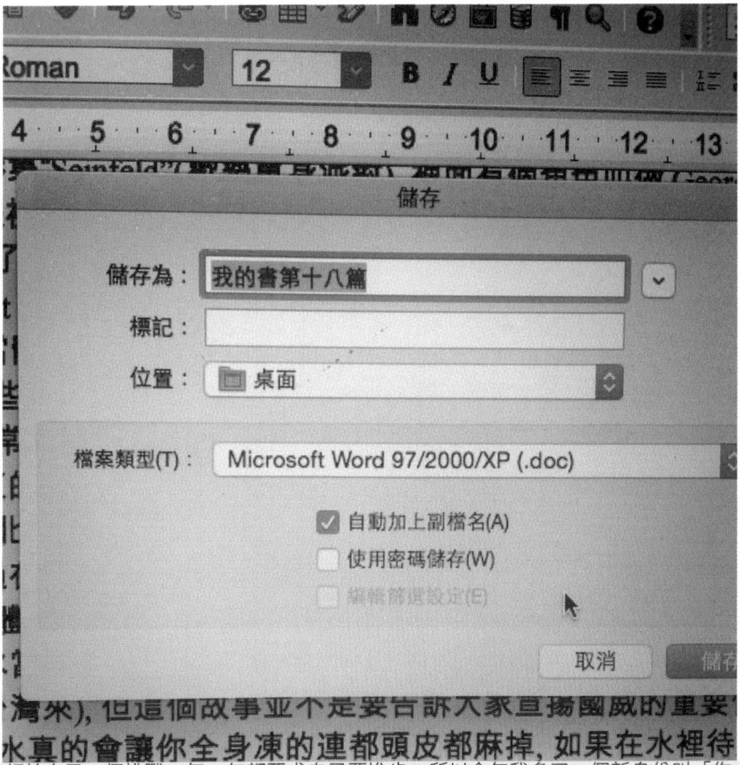

每一年都給自己一個挑戰，每一年都要求自己要進步，所以今年我多了一個新身份叫「作家」了。

長很多的時間。但是說真的，沒有什麼錯誤的方法，即使走得慢，都不會是錯誤。就算當下不一定看得出來，但是你做的每一個選擇，其實都把自己帶到離目的地更近一點的地方。唯一會讓你到不了終點的選擇，就是站在原地不動，什麼都不做。

當然突破未知本來就不容易，確實會讓人感到不知所措。就好像我第一次寫新聞，或者第一次要主持節目，還有第一次轉播球賽的時候，一樣感到手足無措。面對人生沒嘗試過的機會，我往往滿腦子只想著推託。但是我總記得爸爸常常跟我交代的一句話：「複雜的事情簡單做，簡單的事情重複做，重複的事情用心做。」

到目前為止，這句話常常安定我的心神。如果不會寫新聞，就當成是看圖說故事，把發生的事情寫成一齣短劇。沒有主持過節目，把觀眾當成是自己的朋友，真誠地跟好朋友交流。沒把握轉播球賽實況，把自己當成一個看球的球迷，只不過是坐在離麥克風近一點的位置而已，想講什麼就講什麼。很多沒做過的事都沒有我們想像中那麼困難，就算它看起來很不好搞，如果用簡單的方式拆解，總能克服挑戰。一旦你克服之後，實力會在無形之中提升了一個檔次，接下來只會像打手遊一樣，愈來愈得心應手，然後你只要不斷地重複拆解與克服的過程，就能面對一切問題。

但是還是得要提醒大家，即使遇上重複的工作，無論再熟練，如果不用心，一樣很快地會讓人看出差別，所以務必時時鞭策自己。有時我爸會問我某某工作準備好了嗎？萬一我隨便回一句：「那個還好啦，很簡單的東西，其實沒什麼好準備的。」我爸肯定會用標準的台語冷冷地回一句：「要做就要給人家準備好，什麼叫沒什麼好準備？」他一絲不苟的態度提醒我，對自己要做的每一件事情兢兢業業。不管在哪個崗位上，把自己該做的事情做好，才對得起所有相信你的人。期望不用心就能夠過關的想法，就好像單靠天份就奢望在NBA立足的年輕球員一樣，很快就會被看破手腳。

最後，我想跟讀者說，如果你很喜歡我，甚至把我當偶像的話，希望我的故事能夠讓你有一丁點的收穫，但是請不要把我當偶像，應該讓自己變成自己的偶像，並且發揮影響力去啓發更多人。萬一你不喜歡我，但還是忍耐地看完整本書，或者是翻完全書之後，你對我的美好想像一一破滅，馬上從粉絲變黑特的話，我還是希望你可以在我的故事裡，找到一點點相似之處，並從中得到一些鼓勵。就像我媽說的那句話：「跌倒了也要抓一把沙。」就算失敗了也不要兩手空空地離開，起碼要學到經驗才行。所以看完這本書之後，如果只專注在討厭我的話，代表什麼都沒得到。就算討厭我，卻還是從中找到一絲絲能幫助你的地方，那才稱得上把我這個討厭鬼利用殆盡不是嗎？相信我，只要你用心找，絕對找得到，再荒蕪的沙漠，都會有生機。因為人生不會白活，路不會白走，書當然也不會白讀，大家共勉之！

入魂 07

這「啾式」人生

闖要放膽闖，跨要跨出界，「啾啾麥」陳宏宜的18堂跳痛成功學

作　　者　陳宏宜
攝　　影　李宏政
服　　裝　Bonnie
梳　　化　許花花

責任編輯　簡伯儒
執行主編　簡欣彥
協力編輯　王上青
排　　版　李秀菊
封面設計　萬勝安
版型設計　廖勁智
行　　銷　許凱棣

社　　長　郭重興
發行人兼出版總監　曾大福
出　　版　遠足文化事業股份有限公司　堡壘文化
地　　址　231新北市新店區民權路108-2號9樓
電　　話　02-22181417
傳　　真　02-22188057
Email　service@bookrep.com.tw
郵撥帳號　19504465
客服專線　0800-221-029
網　　址　http://www.bookrep.com.tw
法律顧問　華洋法律事務所　蘇文生律師
印　　製　韋懋實業有限公司
初版一刷　2021年1月
定　　價　新臺幣350元

國家圖書館出版品預行編目（CIP）資料

這「啾式」人生：闖要放膽闖，跨要跨出界，「啾啾麥」陳宏宜的18堂跳痛成功學／陳宏宜著. -- 初版. -- 新北市：遠足文化事業股份有限公司堡壘文化, 2021.1
面；　公分. --（入魂；7）
ISBN 978-986-99410-9-9（平裝）

1.自我實現　2.成功法

177.2　　109021589